新装版

自動車王フォードが語る エジソン成功の法則

ヘンリー・フォード＆
サミュエル・クラウザー
鈴木雄一［監修・訳］

言視舎

はじめに

本書は、アメリカの自動車王ヘンリー・フォードが書いたトーマス・エジソンの言行録である。

エジソンはいうまでもなく大発明家である。それもただの発明家ではない。発明を提案するだけでなく、一般の人々が誰でも使えるかたちに、発明品を仕上げたのである。ものばかりでなく、必要ならば事業のやり方まで発明した。白熱電球を発明して電灯会社を創ったころの彼自身による話がある。

「最初の年、ランプを作るのに一ドル二五セントかかった。これを四〇セントで売った。次の年はコストが七〇セントになったが、やはり四〇セントで売った。数が増ていたので、損失は前の年より増えた。三年目はコスト五〇セントになったが、量が急に増えたのでさらに損をした。四年目に三七セントで作れるようになった。一年間でそれまでの損失を取り戻した。最終的にコストは二二セントまで下がった。これを四〇セントで売って、数百万ドルを稼いだ」

自動車王ヘンリー・フォードは言う。「まず適正な価格を決め、利益を生むまで大量生産によってコストダウンをはかるという事業プランを始めたのは私だと世間では信じられているが、エジソンはずっと昔にそれをやっていた」

フォードは最初、エジソンの会社に入るが、のちに独立して自動車王への道を歩む。社員時代から自動車づくりを理解・応援してもらい、エジソンを年上の友人として慕い、終生、心から崇拝していた。エジソンの使った三つの研究所を自分の博物館の地に移設し、当時のままに使えるように建て直したことでその傾倒ぶりがわかる。電灯発明五〇周年記念祝賀会のとき、フォードはエジソンが少年時代に働いた鉄道駅舎をはじめ、当時の列車・機関車まで正確に復元した。祝賀会の当日、列車からエジソンに手を添えて駅に降り立ったのは米国大統領フーバーだった。盛大な、そして心のこもった演出をフォードは行なったのである。

本書はそのようなフォードが書いたものであるから、思い入れが多いのは当然である。それにしても、ほとんどの話がエジソンから直接聞いたことなので、内容は迫力と臨場感に満ちている。フォードは多くの著作を残しているが、自ら筆を取ってはいない。本書は、ジャーナリストで経済関係の記事を得意とするサミュエル・クラウザーの筆による。神経質で緻密なフォードの性格をよく理解し、読みやすく歯切れのよい文章に仕立てている。

今回の翻訳は著作の事情を考慮して、訳者がまず技術的な内容を出来るだけ正確に訳し、それを原著の雰囲気が出るように文筆家の手で書き改めた。出版社に雰囲気を生かす装丁・製本をしてもらった。こうしたことで少しでもフォードから見たエジソンの人となりを感じとっていただければ幸いである。

エジソン没後八一年、ヘンリー・フォードが亡くなって六五年経った。優秀なイノベーターであった彼らがいま生きていれば、この閉塞的な世界の現状をどう見るだろう。豊かな発想と大いなる努力の人であった二人の生き方・考え方は、時を超え場所を超えて、現代日本の課題「技術大国としての再生」にも大いなるヒントを与えてくれるはずである。古典的名著の一冊であるこの本が、その役に立つことを祈りたい。

訳・監修　鈴木雄一

＊本書の底本は“Edison, as I know him” by Henry Ford / Samuel Crowther 1930

発明王トーマス・エジソン
（1847 － 1931）
1915年撮影、68歳

自動車王ヘンリー・フォード
（1863 － 1947）
1919年撮影、56歳

目次

1――エジソンとの出会い

一八九六年の八月一一日、私はトーマス・A・エジソン氏に初めて会った。その日は私にとって実に意義深い日になった。だが、彼を最初に目にしたのはその一年前だと思う。

当時私はデトロイト・エジソン・カンパニーの技術主任になっていた。彼はポート・ヒューロンでの父親の葬儀からの帰りで、前夜に泊まったホテル・キャデラックの隣にある施設のそばを歩いていた。私は彼が何人かの人たちと一緒にいるところを見た――あるいは誰かが私にエジソン氏がその中にいると話してくれたのだったかもしれない、彼らは足早に過ぎて行ったので、私が本当に彼の姿を見たかどうか、はっきりとは言えないのだが。

エジソン代表者会議

実際の最初の出会いは、コニー・アイランドから数マイル離れた古風なマンハッタン・ビーチ・ホテルでの夕食会だった。エジソン代表者会議が開催されていた――各地のエジソンの工場の技術主任や責任者が情報交換のためにやってくる年次集会である。私はデトロイト・エジソン・カンパニーの社長アレクサンダー・ダウ氏と共に参加した。

会食のテーブルは楕円形で、エジソン氏が主席だった。右側にボストン・エジソン・カンパニーの社長チャールス・エドガーがすわり、私は彼の次にすわった。向かい側はサミュエル・インサル氏で、当時すでに電気業界の大物になっていた、ニューヨーク・エジソン・カンパニーの社長J・W・リーブ・ジュニア、ニューヨーク・カンパニーの技術主任ジョン・ファン・ブレック、ジョン・L・ベグス、その他にも大勢いたのだが、記憶が定かではない。

会議の午後のセッションを通して、乗物用の蓄電池の充電という、電気の世界に開かれる新分野について大いに議論がなされた。中央発電所の連中は電気車が万人の求める「馬なし馬車」であると見ていた。彼らは数千台の自家用車や乗合自動車がすぐにでも街路を走り、蓄電池の再充電の方法などが注目されるだろうと予見していた。当然、それは巨大な売り上げを意味した。会食中、話はアレクサンダー・ダウ氏にまわってきた。すると彼はテーブル越しに私を指さして言った。「そこにガソリン車を作った若者がいます」

そして、彼は話を続けた。彼の事務所の窓の下からポッ、ポッ、ポッと何かが聞こえ、見下ろすと、小さな馬なし車があった。私の妻と小さな子供が乗っていて、私が工場から出てきてシートに座るとその物体が動き出した——ポッ、ポッ、ポッと走っている間中、通りすがりの誰もがみな立ち止まってそれを見ていた、と。

テーブルの誰かが、どうやってその車を作ることになったのかと私に聞いた。私は話し始めた。話を聞こうと全員が会話をやめてくれたので、テーブルの向こうまで届くように大きな声で話をした。すると、私の話に興味を示したエジソン氏が耳に手を当てた。当時すでに彼の耳はほとんど聞こえなくなっていたのだ。

話を聞こうとするエジソン氏を見たリーブ氏が、私に他のテーブルから椅子を持ってきてエジソン氏の横にすわり、氏が聞き取れるように話せと合図してくれた。だが、私が立ちあがると、エドガー氏が席を替わってエジソン氏のとなりに座らせてくれた。エジソン氏はすぐに質問を始めたが、彼がすでにガソリン・エンジンの研究をやっていたことは明らかだった。

「4 - サイクル・エンジンかね?」と彼がたずねた。私がその通りだと答えると、彼はうなずいた。次に彼はシリンダー内のガスを電気で爆発させるのか、それはコンタクトによるのか火花によるのかを知りたがった――点火栓(スパーク・プラグ)が発明される以前だったからである。

ピストンで突き上げる開閉式のコンタクトだと話し、最初に作った車――ダウ氏が見た車だ――のコンタクトの全体の様子を図に描いた。同時に、そのころ作っていた二台目の車に使う、現在スパーク・プラグと呼ばれているものをすでに作ってあると言った。それは開閉機構を持つ絶縁型のプラグで、雲母のワッシャーを使っていた。これも図に描いて示した。

彼は、コンタクトよりスパークのほうがずっと確かな点火と触発を与えるはずだと言った。それから細部にわたって幾度も質問し、私はなんでもスケッチにして答えた。言葉で説明するよりスケッチのほうがアイデアをより速く伝えられることを知っていたからだ。説明を終えたとき、彼はこぶしでテーブルを叩いて言った。

「きみ、それだよ、やったじゃないか、がんばって続けなさい。電気自動車は発電所の近くに居なければならない。バッテリーは重すぎる。蒸気自動車はどちらも駄目だ、ボイラーと火元を持たなければならないからね。きみの自動車は、なんでもそろっている――自前の動力装置を積んでいる――火を使わず、ボイラーもない、煙も蒸気もない。よくやったね。がんばりなさい」

発明王が認めたガソリン・エンジン

そのテーブルのひと叩きは、私にとって何よりも大きな価値があった。それまで私を激励してくれた人は一人もいなかったから、正しい方向を目指していると自分では思っていながら、時によって、確かだと思ったり、また迷ったりしていたのだ。

しかし、ここで一挙に雲が晴れた。世界最高の発明の天才から全面的な賛同を与えられたのだ。世界で最もよく電気を知っている人が、この目的（自動車）に対しては私のガス発動機のほうが電気モーターより適していると言ってくれたのだ――それだったら長い距離を走れるだろう、と彼は言った。そして自動車向けの「炭化水素」の供給所が必要になるだろう、と。このとき私は液体燃料に対するこの用語も初めて聞いた。なんと、このことは、すべての電気技術者が電気で走るもの以外に新しいものや価値あるものはないと確信していたころの話なのである！　電気は万能の力であるとされていたのだ。もちろん、このような期待は、電気が一次原動力でないため、実現すべくもなかったのだが。

視野の広さはエジソン氏の特にすぐれた能力である。電力利用についても、特定の分野においてはほとんど無限に広がるであろうが、そうでない所では一時しのぎに過ぎないことをよく知っていた。エジソンの数多くの能力のうちで、全体像をつねに把握するところは実に稀有のものである。盲目的にものを信じるということは絶対にない。

発明家はしばしば、あまり適切でない用途に自分の発明を応用しようと、時間と金とを浪費する。エジソンはそんなことを決してしない。趣味には走らないのだ。彼は持ちあがって来る問題をあるがままにすべて眺めてから、最適な方法でそれを解決する。彼の解決手段は、電気屋というより化学者のそれである。知識はあらゆる分野に及んでいて、彼を電気屋とか化学屋とかに分野分けすることは出来ない——実際、エジソン氏は分野を特定できる人ではない。どんな手段が使えるか、使えないかを直感的に知る、そういう人なのである。

会議の三日目に会食があった。エジソンはすでに、私の認識では、世界的な偉人であり、もちろん私は自分の発動機についてもっと話したかったのだが、当然のことに、彼のところに近づけなかった。

しかし、エジソンは私と交わした議論を忘れていなかった。そして、彼の友人で仲間の一人であるW・E・ギルモアが、私に言った。

「こちらに来なさい。エジソンがあなたと話したがっています。彼はミシガンに住んでいます。デトロイトから遠くありません」

会議が終わった日も話をした。そして彼は私をニューヨークまで同乗させてくれた。列車には無蓋車が付いており、それはエジソンがしつらえたものだった。彼はつねに屋根のない乗物を好み、自動車旅行では決まってオープンカーに乗り、前の、運転手のとなりの席にすわった。

私は彼がガソリン・エンジンの話を続けるだろうと思っていた。しかしそうではなかった。動力をエンジンから車輪に伝える歯車とチェーンの相対的なメリットについて少し議論したようにおぼえている。

私の最初の車ではチェーンを使ったが、二台目は歯車を試すつもりだった。この当時、二輪車も同程度の実験段階に入っており、少なくとも一台はチェーンでなく歯車を装備していた。

私たちは主に、新しい発明品の製作に使う適当な材料や購入先を得ることの難しさについて話した。たとえば、私が最初の車に使う適当なタイヤが見つからないので二輪車用のタイヤを使ったことを話し、彼は白熱電灯に適した管球を見つける際のいくつかの苦労と、結局、自分でガラスを吹いて作らなければならなかった話をした――このことは後述する。

どの分野の先駆者も机上では完全な計画を立てるのであろうが、最初の品物はつねに妥協の産物でしかない。目的にぴったり合った材料が手に入ることなどないからだ。電気産業と自動車産業は、その長い道のりの中で、いまではありふれたものになっている数多くの特殊な材料を生み出してきたが、当初、それがいかなる手段と職人技を得て始められたかを実感として知る人はほとんどいない。

資本は必要である

三日目にエジソン氏が好んで話したのは、ミシガン州と、そこでの幼年時代のことだった。発明のことについては二の次のように見えた。そのころ、たまたまデトロイトの風変わりな市長で、のちにミシガン州の知事になったピングリー氏が、当時流行の資本の廃止等について論じており、その地位と信頼できる人柄からかなりの評判を取っていた。エジソン氏は自分自身の世界の中に住んでいたけれど、外の世界で何が起こっているかは正しく知っていた。そして、この反資本の議論が彼の気に障っていたようだ。

「資本なしで何を得ようというのだ?」と彼は強調した。私には賢明な意見に思えた。資本はすべてではないが、資本なしには何事も始められない。

エジソン氏は数年前、電灯システムを全国的に拡張させる活動の最中に大変な苦労を経験したことから、資本が悪だとする根拠のない扇動こそ、世の中の進歩をあきらかに遅らせるものだと見ていた。資本がなければ発電所は建設できないし、したがって電灯と電力の双方へ電気を送ることによる恩恵にも遅れを生じ、人々は貧乏になることはあっても、豊かになることは出来ない。

長い年月が経ったので、その時エジソン氏が資本に対する見方をどのように話してくれたか、はっきりとは言えないが、彼はこの問題について、それ以来何度も私に話してくれた。民間資本のもたらす害悪については十分に承知しているが、それがどういうものであれ、公的資本のもたらす害のほうがずっと大きいのだ、と。

彼はよく言っていた。基本的に民間資本の場合、少数の者が不当な利益を上げるかもしれないが、国民も全体として利益を得る。少なくとも何かがなされるし、企業は自分でやって行かなければならないから、その行動はやがては国民の役に立つ。しかし公的資本では、必ずやらなければ、ということがなく、概して何もやらないから、内部の少数の者だけは利益を得るかもしれないが、国民にはなんの利益もない。

彼は厳格に現実的な立場をとる——彼のすべての仕事を通じて——大事なのは結果、評価するのは結果だけである。彼は私に、郵便事業を政府がやったのは大きな間違いで、一流の私企業ならどこがやっても、より安くより快適なサービスが可能であり、より多くの利益を還元できる、政府がやっているかぎりは何をやっても大きな損失をこうむるにちがいないと断言した。

エジソン氏は少なくとも頑迷な「保守主義者」ではない。かといって世界の流れを変えるという意味での改革主義者でもない。いつも完璧を目指しているが、完璧になるとは信じていない、完璧を待っていては何も出来ない。坐して待っていても完全なものがやって来ることなど絶対にないことをよく知っている。

しかし、そのとき彼が話したのがどのことで、後年、何千回もいろいろと議論した中で聞かされたのがどれだったか、私はおぼえていない。とにかく早く二台目の自動車の仕事に取りかかろうと、私は急いで家に帰った。

デトロイトに着いて最初にやったのはエジソン氏の言ったことを妻に話すことだった。そして最後にこう言った。

「この車の仕事を終えるまで、私とあまり会えなくなるよ」

それが私の二台目の車だった。電灯会社の仕事は、もはや目的達成のための手段に過ぎなくなった。

私が信ずるに、人間はこの世にやってきて、経験を積み、それがある意味での実績となってその人の精神をかたち作る。一台目の車はそのような経験のひとつとして出来上がり、その車は走った。そこから二台目の車に使えるいくつかの事実を私は学んだ。二台目の車からは三台目の車に使える事実を学んだ。このプロセスはいまでも続いており、私が生きているかぎり続くだろう。

二台目の車を作るに当たって、繰りかえして言うが、私は正しいと思いながらも、時どき、単に時間を無駄使いしているのではないかと迷うことがあった。エジソンの激励がなくとも、もちろん私はこの仕事を続けたに違いないが、彼の賛同が少なくともそれを二倍は加速させたと言ってよいだろう。時間の浪費についての迷いを取りのぞいてくれ、私は二重に確信を持てるようになったからだ。その意味で、内燃エンジンを搭載した——今日私たちが自動車（オートモービル）と呼んでいるものの実現を早めた点で、エジソンはもっと功績を認められなければならない。

2——少年時代の我が理想の人

少年時代から我が理想の人であったエジソンが、このような驚くべき出来事で私の人生に入ってきた。私が最初に彼の名を知り、強く印象づけられたのは、白熱電球の発明とその急速な実用化によって世界的な人物になり、新聞が彼の記事で満たされた一八七九年から八〇年にかけてであった。ちょうど私が機械工場で働くために家を離れたころのことで、私はまだ一七歳だった。私はその人の発明とその人間自体に驚嘆したが、とくに強く心を打ったのは、力強く、かつ倦むことなく仕事を持続できる、その天賦の才能だった。その後三四年間も彼を個人的に見てきたが、いまでもなお私の心の中にそびえ立つのは、精力的に体を動かし、精力的に思考する彼の能力の素晴らしさである。

要するに、研究の能力が並みではないのである。エジソンはすばらしい創造力に加え、驚異的な記憶力をもっている。しかし、このような能力すべてをもってしても、いったん仕事を始めると、それを仕上げるまで何もかも忘れて途切れなく没頭するあの馬力がなかったなら、エジソンが偉大な発明品を世に出すことはなかっただろう。彼は挫折の可能性すら認めようとしない。ひるまず、あくことのない研究によって何事をも成し遂げられると信じている。少年の私を奮(ふる)い立たせ、エジソン氏を我が英雄にしたのは、困難な仕事に対するこの非凡な能力だった、そして、彼と知りあってからの長い年月の間に、この気持ちは会う前よりもむしろ強まるばかりであった。

大人になって、少年時代の英雄と友人になれたとは、なんという素晴らしい体験であろうと私は思っている。本来なら、めったに起こることではない。

会うごとに感じる偉大さ

一八九六年の最初の出会いの二、三年後、ニュージャージー州ウエストオレンジの研究所でふたたび彼に会った、彼はそれまで研究所を置いていたメンロパークからここに移っていた。そのとき私は、スターターと発電機をまとめて一つのユニットにしたものに十分な電力を与え、同時に自動車の他の電気的要求を満たすバッテリーを見つけたいという考えをもっていた。

望みのものを彼に説明しようとして、一枚の紙を引き寄せると、彼も同じことをした。たがいに言葉より図で話したほうが早いと思ってそうしたのだった。二人とも同時にそれに気がついて笑い出し、エジソンが言った。

「二人とも同じやり方で仕事をする」

彼はスターターと発電機を別々のユニットに分けるべきだと言って、私の課題に結論を出した。その後の四半世紀の自動車の歴史が、初期のその判断が正しかったことを実証している。

この会合は、インスピレーションの試金石であるかのように私をエジソン氏に近づけ、年を経るごとに、より一層彼を知るようになった。私たちは何度も一緒にキャンプに行った――人はキャンプ生活の間に他人（ひと）を知るものだ。そして私はフロリダ州フォートマイヤースの彼の家のとなりに土地を持った。その家はエジソンが八〇年代の後半に、冬の間、気候の影響を受けず、かつ事業への興味を中断させないために彼自身で建てたところだ。

そうして彼のことを、かなり親しく知るようになり、あらためて彼を見るほどに――人類に尽くそうとする人として、かつ一個の人間としても、ますます偉大に見えてきた。私は、この人物とその業績はすべての時代の人々にとってひとつの模範になるはずだと考えて、個人的に、あるいは仲間の援助によって、彼に関して得られるかぎりの情報と、その一生に関連する事物――彼が使用した建物、いろいろな道具、家具、書籍等々――を集める仕事に取りかかったである。

その一部は彼を顕彰するミシガン州ディアボーンの博物館と技術研究所に保存して

ある。偉大な業績の舞台――白熱電球を発明したメンロパークの研究所とその他の建物、そしてフロリダ州フォートマイヤースで四五年間使った研究所――を解体して博物館の近くに運び、偉大な研究がそこで行なわれたころと同じように再建した。それらは保存されるためにそこにある――私は永久にと願っている――偉大な人物の存在の証として、そしてアメリカの若者への励ましとして。

エジソンが受けた教育

エジソンは米国の立派な家柄の出である。彼の祖先は一七三〇年にオランダから移住して、ニュージャージー州のパサイック河の岸に居をかまえた。後年、エジソンが人生の大半を過ごした場所からそれほど遠くないところだった。父親のサミュエル・エジソンは、一般的な能力で他人よりはるかにすぐれた人物であったが、興味をもって始めた仕事が難しい時期を乗りこえて軌道に乗り出すと嫌になってしまうという、息子と同じような性癖をもつ人だった。母親は長老派の聖職者レヴァレンド・ジョン・エリオットの娘であった。

一家は西方のオハイオ州ミランに移動し、そこで一八四七年二月一一日にトーマス・アルヴァ・エジソンは生まれた。一八五四年までここで生活し、ミシガン州ポート・ヒューロンに移った。（エジソンは両親にとって七番目の末子であったが、上の子と歳が離れていたため、一人っ子のように育てられたという）

エジソン氏は両親を心から尊敬した。両親のほうは、少年エジソンを完全には理解できなかったかもしれないが、他の誰にとってもそれは無理だったろう。両親は、彼が自分のやるべきことを知っているか、少なくともいずれ知るであろうという堅い信念のもとに総力をあげて自立の手助けをした。母親は個人指導によって初歩の教育を与え、彼が興味をもつ事柄に関する本はなんでも読みなさいと勧めた。エジソンならいかなる状況でも克服し乗り越えていったであろうが、両親は助けられるときはいつでも助け、援助の仕方が分からないときでも、邪魔になることを一切しなかったので、彼はすみやかに成長していった。

エジソンの過去に対する記憶は普通よりずっと先にさかのぼる。ある日、彼と私はどちらがより昔まで記憶をたどれるか、競争をした。エジソンはいちばん古い記憶として、次のように書いた。

「第一：姉の求婚者が自分にくれようとしたメキシコ銀貨を取ろうと這っていった」

「第二：姉と若者の結婚式に同席するため腕に抱かれた」

「第三：カリフォルニアに向かう三台の幌馬車が家の近くに露営した」

彼の記憶は一八四九年～五〇年にさかのぼり——このころ彼は二歳か三歳だった。私がおぼえていた最古のものは、父親がウタスズメの巣を見につれていってくれた記憶だった、このとき私は三歳半だった。ついでながら、そのとき以来、この鳥が私の好きな鳥になっている。

ミランでエジソンに影響を与えた出来事はとくになかったように見える。生家はそのまま残されており、数家族が住んでいる。家は、簡素で、この地方でよくあるタイプの頑丈なレンガ造り——屋根裏部屋付きの平屋である。丘の中腹にあって下り斜面にひらけていて、かなり快適な場所である。

エジソン家は決して貧乏ではなかった。つねに立派な家に住み、衣食も十分だった。エジソンが貧乏から立ちあがってきたというのは作り話である。両親は普通に必要なものはなんでも与えたが、成長した少年は、平均的な家庭ではとても応えられそうにない特殊な要求をするようになった。

そんなエジソンの実質的な人生は、その後火事で焼けてしまったポート・ヒューロンの家で始まった。

ポート・ヒューロンの公立小学校で、エジソンはちょうど三カ月の通常教育を受けた――これが彼が受けた学校教育のすべてである。あとは母親が引き取って教育した。かつて教師であったミセス・エジソンは息子の人となりを見て、彼が極端な学校嫌いになって、それが悪影響をおよぼすことを避けたのである。

彼は、すぐに本を読むことをおぼえた――それ以来読書はずっと続いている。重要な事項について彼が読んでいない本を見つけることは、ほとんど不可能に近い。私は一八五六年に出版されたリチャード・グリーン・パーカーの『自然と実験の摂理』という一冊の本を見つけた。私が学校で使ったのと同じ教科書である。これが、後でわかったのだが、彼が読んだ最初の科学に関する書物だった。彼自身が本の見返しに書いていた。

「パーカーの『摂理』は、私が九歳の子供のときに読んだ最初の科学に関する本である。私は理解できるところから拾い読みした」

その本の中には、当時知られていた科学のほとんどすべてが書かれていた。蒸気機関から気球、さらに既知の化学のすべてが数百もの実験法とともに載っていた。どう見ても九歳の子供向けの本ではなかったが、エジソンにとっては、これこそまさに求めていたものだった。この本が、彼に科学の世界の最初の展望を与え、そして彼の運命を科学の世界に向かわせたと言えるだろう。後年、彼はその本にあるほとんど全部の実験を試みるのだが、まず初めに化学の実験をやってみた。エジソンは、いまもそうだが、心底「化学者」だからである。

彼の際立った特徴は、ものごとをそのまま受け入れてしまうのではなく、自分で実験をやってみたことである。彼はあらゆるものを頭から鵜呑みにしたりしなかった、すべての科学的事実を自分自身で事実だと確認していった――「なぜ」の正体を見つけ出すためなのだ。家の地下貯蔵庫に研究室をこしらえ、手に入る金はすべて近所の薬屋で化学薬品に変えた。

エジソン少年の商売

本を読み進むうちに、やがて実験用の材料や薬品を求める額が父親から貰うわずかな小遣いを大きく上回るようになり、このため彼は、一二歳から一三歳のころ、ポート・ヒューロンとデトロイト間を走るグランド・トランク鉄道の新聞売り子の仕事に就いた。一家が貧乏だったからではない。家族が許してくれるなら、彼はもっと早くから仕事をしていたろう。彼が家を出て行かないということのためだけに、両親はその仕事に就くことを許可したのだ。

金は、エジソンにとっては、いつでも実験のために必要な、単なる手段でしかなかった。彼は金銭それ自体にはまったく無頓着だったが、科学の世界において、他人の懐をあてにせず、自分で有用だと思い興味をもった研究を実行するための金を、いつも自分で稼いだ稀有なパイオニアの一人である。

彼は――よく知られた話だが――列車の荷物車の中に、商品の新聞や研究資材を置いた小さな研究室を作った。だが、この研究室の必要経費がすぐに稼ぎを上回ったので、さらなる財源を探さなければならなかった。このため彼は小さな新聞――ウィークリー・ヘラルド――を発行し、これを列車の中で印刷した。彼がそのとき使用した印刷機は見つけ出せていないが、私は、同じメーカーで作られたものを発見した。それを見たエジソンは、まったくこれと同じものだったと言った。

しかし、重要な点は、若いエジソンが列車内で最初に新聞を発行したことや、若いうちから第一級の稼ぎが出来たことではない。要は、彼のうちに抑えきれない科学者としての衝動があり、あらゆる分野における発明の才が加速され、彼が真の仕事をするために金を稼げたということなのである。

もちろん、当時はその真の仕事がなんであるか、彼は知らなかった。しかし何かを成し遂げるためには、ものごとの本質を発見しておかなければならないということはわかっていた。彼は金を稼ぐことに関してのみ鋭い嗅覚をもつ抜け目のない少年ではなかった。金は、単に手段として稼いだのだ。生活の最低経費を超える金は、わずか数ペンスといえども書籍や化学品のために使った。

一五歳になったころには、彼はその当時の科学知識を一通り身に付けていた。私はウイークリー・ヘラルドを一部だけ所有しているが、肩のこらない面白い新聞である。エジソ

すでに起業家だった少年時代のエジソン

ンはつねに自分の言いたいことを少ない言葉で明確に表現する能力をもっている。いつも考えがはっきりしていて、書いたものが確かなのはそのためである。

荷物車の研究室で、ある日、リンの欠片が落ちてしまった。それが燃えはじめ、エジソンが火を消そうとしていたとき車掌が入ってきた。そこでご存じのお話が出来上がった――車掌が少年の耳を強くなぐって鼓膜を傷つけ、エジソンの耳が悪いのはこの殴打事件以来だ、というものである。

車掌が火事を見つけ、エジソンに、研究室ごと次のミシガン州スミス・クリーク駅で降りるよう命じたことは事実である。しかし決して耳をなぐったりはしていない（ちなみにスミス・クリーク駅は、ディアボーンに、レンガ一つひとつまで復元されている。列車から放り出されて六七年経ったのち、エジソンは合衆国大統領ハーバート・フーバーに付き添われて、この同じ場所に降り立った）。そのようなことが起こったかどうかも疑問である。エジソンは幼少のころ虚弱であったとはいえ、年を経るとともにある程度の腕力と体格を身にそなえていたからである。彼は人と争う人間ではない——争いは時間の無駄だと考えている——しかし、自分の身を守ることは出来たし、第一、人に殴られるような人間ではない。耳が悪くなったのは、まったく別の原因による。ミシガン州フレーザー市の少し外れでのことだと、彼は私に話してくれた。

「私は新聞の常連客何人かを待つうちに乗り遅れてしまった。列車が動きはじめたので、後を追いかけ、後部のステップをつかんだが、息が切れてきて体を持ち上げられなかった。当時のステップは高かったからね。乗務員が手をのばして私の両方の耳のあたりをつかんだ。そして引き上げてくれたとき、耳の中が裂けたような気がした。その直後から耳が聞こえなくなりはじめたのだ。耳をなぐられたことなど決してない。もし私の聴力をだめにしたのがその人だったとしても、彼は私の生命を助けるためにしてくれたのだよ」

　これがエジソンの耳の障害の始まりかどうかは、わからない。極度に聞こえなくなったのは、数年後の乳様突起炎（マストイディティス）の手術からである。彼は世間で言われているように耳が聞こえないことを実際には喜んでいたわけではない。そうではなく、彼は肉体的な欠陥をも利点に変えてしまう種類の人間なのだ。

聴力のないことを嘆くかわりに、聾者が健常者より有利な何かを見出せないか、探したのである。彼はかつて私に、聴覚が回復すれば個人的にはよろこばしいかもしれないが、聾者だったために、現実としてより多く国の役に立てたと思っていると語ってくれた。またある時はこう言った。

「耳が聞こえないことは、いろいろなところで大変に便利だったよ。電信局にいたころ、直接聞こえたのは自分の机の装置の音だけだった。だから他の電信士と違って、私は他の装置の音にわずらわされることがなかった。また電話の実験のときには、自分でも聞こえるように送話器を改良しなければならなかった。これが電話を実用化したのだよ。当時の電磁式受話器は、商用の送話器に使うには、あまりに弱かったからね」

「蓄音機でも同じだった。当時の装置の大きな問題点は音楽における倍音と、会話におけるシューという子音がうまく出ないことだった。私は一年間働き続けた。一日に二〇時間、日曜日もすべて働いた。蓄音機で『スピーシー』という単語を完全に録音し再生するためだ。これをやりとげたとき、何事もやれば出来ると感じた――これは本当だ。もう一度言うが、私の神経が妨害から守られたのだよ。妨害音がまったく届かなかったからね」

電信士エジソン誕生

エジソンが電気に関係するようになったのは、まったくの偶然からだった。少年のころの主な研究は化学であり、すべてのことに興味があって電気についても多くの実験に挑戦したけれども、彼は、私に話したところによれば、化学者以外になる考えはなかった。鉄道時代にはいつも電信士の使いをやらされたが、連中も彼の新聞を手伝ってくれ、そこでエジソンは電信士には余暇の時間が多いこと、そして彼らにはかなり稼ぎがあることを知った。

研究に使う時間がほしかったし、化学薬品を購入するための金もほしかった。研究をさらに進めるための出費がどんどん増えていたからだ。こうした理由から、彼は電信の仕事のほうが新聞売り子のような手間のかかる仕事よりずっといいと考えた。そこへ、電鍵（キー）の使い方を学ぶチャンスが、まったく思いもかけないところからやってきた。

一八六二年の八月、マウント・クレメンスの駅にいるとき、彼は駅長のJ・U・マッケンジーの幼い娘が引き込み中の貨車の前方の線路上を這っているのを見かけた。彼は走って行って娘を抱きあげ、父親のもとに届けた。彼自身の生命の危険はなかったし、貨車が彼をかすめていったわけでもなかったが、とにかく子供の生命を助けた。感謝の気持ちから、父親は若いエジソンに電信の基礎を教えた。

少年は非常に早く技術を習得し、すぐに熟練の電信士に——全国一ではないにしても、最高クラスの一人になって、誰とでも送・受信できるようになった。国中を渡り歩くこの電信士の仕事は、彼にとっては目的達成のための手段に過ぎなかったが、彼を電気の世界に向かわせることになり、第一に化学者として名声を博すはずであった彼を、別の道に向かわせたのである。線路から子供を救ったことが、我々に白熱電球を与え、近代産業に電力の新しいシステムをもたらしたエジソンの、この分野での仕事のきっかけとなったのである。

3――エジソンがもたらした恩恵

現代を「産業の時代」と呼ぶのがはやりである。だが、むしろ「エジソンの時代」と呼ぶべきだろう。彼がこの国の近代産業の創始者だからである。彼は我々のために新しい種類の独立宣言をつくり上げたのである。独立宣言は国政の自由を書きしるした。エジソンの宣言は言葉ではない。一連の機械――これらを使うことによって、以前なら考えられなかった大規模の経済的な自由を誰もが享受した――その本質の中にあるのだ。

我々は彼が与えてくれた機械や手段を使うことを学んでいるに過ぎない。すでに我々の繁栄は世界をリードしているが、これは我が国にエジソンがいたという事実のおかげである。我々の繁栄の重要な要因のほとんどすべてが、直接的にせよ間接的にせよ彼の、なんらかの発明に由来するものだからである。彼は現在の繁栄の基礎になっているだけでなく、我々が必要とするときに、いつでも使えるさらに多くの発見や発明を与えてくれる。

エジソンの業績

エジソンがもたらしたことの大半が、いまでは我々の生活の一部となり、当たり前のことになっているため、それが彼のおかげであるということを、我々は忘れてしまっている。彼のやったことで数百万の新たな雇用が生み出されただけでなく――無制限に――あらゆる仕事の報酬が増えたのである。エジソンは貧困の解消に向かって、有史以来のいかなる革命家や政治家にもまさることをした。人に、自らを助ける手段を与えたのだ。

エジソンの業績は二つに大きく区分けできる。第一は発明の直接的な貢献——道具・機械類に関するものである。第二は、科学を日常生活に結びつけて、いかなる課題も持続的な試験と試作を粘り強く続けることによって、最後は解決できると実例をもって示したことである。だが、彼が現実に創り出したものと、その実現のための彼の才能のどちらが我々にとって価値が大きいか考えてみても恐らく意味がないし、多分、そんなことは不可能だろう。

こうした表現は大げさに見えるかもしれない——なにしろ私自身のこの人に対する崇拝から出たものなのだから。しかし、本当のところ、これでも言い足りないのだ。我々の今日の繁栄は、電力の使いやすさと、通信と交通の利便性なしには達成不可能であったろう。これらすべての背後にエジソンがいるのだ。ここで彼の業績の簡単な要約を、それらがもたらした効果の視点から見てみよう。

（一）白熱ランプの発明は、日照の制限から我々を解き放ち、毎日の活動時間を増やしてくれた。人々は、限られた自然の日照のままの日々や、明るい時間が少し長くなったロウソクやランプあるいはガス灯の日々にくらべ、さらに長くなった電気の日々の中で、より多くのものを必要とするようになっている。白熱灯の便利さには、それまでのいかなる人工照明も近づけない。人々が消費する時間の増加は、自然に消費材の量を増やし、そのため、より多くの仕事が生まれた。我々は単に生産から富を得るだけでなく、消費される商品の生産からも富を得る。また白熱灯は消費の量を増やしたばかりでなく、工場に光を与えて日中と同じ効率を夜間にもちこみ、結果的に、少ない設備資本による製品の低価格化をもたらした。

（二）その白熱ランプも、もしエジソンが総合的な課題を解決して発電と配電両方の新方式を完成させなければ、単に面白い玩具（おもちゃ）に過ぎなかっただろう。エジソンは最高でも四〇パーセントの効率に過ぎなかった従来の発電機に替わって、供給パワーの九〇パーセントを電気に変える発電機をつくり上げたのだ。また次に、「三線方式」と呼ばれる発明によって、既存の二線方式で電流を送る際に必要とされた銅の量を、三分の二ちかくも減らした。こうした効率のよい発電機と銅の削減とがなければ、消費者にとって電気のコストは高すぎて、ぜいたく以外の何物でもないと考えられただろう。彼は電気を一般消費財にする道を開いたのだ。

(三)発電の新しいシステムは、産業を革ベルトとライン・シャフトから解放した。それぞれの機械に電気モーターを付けることが出来るようになったからである。これは大して重要なことには見えないかもしれないが、実際のところ、さまざまな理由から、ベルトとライン・シャフトでは近代的な工場は運営できなかったのだ。モーターによって、機械設備を作業の流れに従って配列することが可能になった。それだけでおそらく工場の効率は二倍になった。無駄な操作と搬送の膨大な手間を省けたからだ。そもそもベルトとシャフトは動力を非常に無駄にするもので——あまりに無駄が多く、ライン・シャフトをどう長くしても時代の要求には応えられず、実のところ、大きな工場が実際に登場することにはならなかった。さらに高速の機械は古い環境のもとで使えなかった——滑車もベルトも近代産業のスピードに対抗できなかったのだ。高速機械とこれに用いる優良な鋼材がなければ、我々が近代産業と呼んでいるものは何も存在しえなかった。これは今日の高い給料と低価格製品の連携が出来なかったことを意味する。数千におよぶ一般消費財のひとつである最近の低価格自動車を取り上げてみても、その製造に電気モーターの助けを借りなければ高価格のぜいたく品になってしまっただろう。

電気は、エジソンによって一般的に使われるものとなったが、その電気の応用が実際にどこまで届くのか誰にもわからない。電気がすでに我々の生活のあらゆる面に浸透しているからだ。さらに付け加えておきたいのは、電話の実用的導入と安価で一般的な通信法である電信の普及もエジソン氏の発明と開発が基礎となったこと、そして彼が実用的な事務機械タイプライターを作り、蓄電池の開発においても独自の大きな仕事を成し遂げたことである。

これらの発明が近代産業を可能にしたのである。これらなしで大量生産は出来なかったし、また巨大企業も生まれなかった。巨大企業は大量生産、迅速な輸送、機敏な通信に依存しているからだ。こうしたことが我々の生活のすべてを根底から変えてしまった。さらに、蓄音機や映画（活動写真）によって、別の面でも生活は一変した。ここでもエジソンが最初に関わっている。この二つでも彼が先駆者なのである。また、他のもっと急ぎの案件のために深く追求しなかったけれど、ラジオの研究でも、彼は先駆者であったのだ。

建築・建設の分野でも、セメントの製造法や成分組成、またコンクリートの混成および（レンガごとやブロックごとの積み上げでなく）液状コンクリートを流し込んでビルディングを造る方法の提案で、彼は先駆的な仕事をした。これには、強さが不均等な塊（かたまり）のまま大きな固形物が底に沈んだりしないように注ぎ込めるというコンクリートの開発も含まれていた。

彼はしかるべきサイズの小住宅全体を一回の操作でひとつの型枠に注ぎ込む方法も完成させた。しかしここでも、他の場合と同じように時代に先行しすぎた。いまでは多くのビルが部分的に注ぎ込む方法で造られており、我々は、いずれ革命的な方法で建設されたビルを見ることになるだろう。

将来に向けて

将来に対してもエジソンは、我々が使うかもしれない、あるいは必要にせまられて利用するかもしれない多くの発明を提供してきた。それらのうちの主なものに、低品位の鉱石から鉄を選別する方法がある。彼は数百万ドルの自費を投じ、これを開発して、実際にニュージャージーで操業に入った。だがそこへ、ミネソタ州メサビ地区での高品位鉱石の発見が伝わってきたのだった。しかし彼の方法があるかぎり、将来も我々が安価な鉄の不足に悩むことは決してないという絶対的な保証が与えられている。彼はどんな時代でも通用する鉄の保険を我々にかけてくれたのだ。低濃度の鉄しか取り出せないのに費用がかかるため無価値とされていた鉱石を、彼は有効利用できるようにしたのである。

エジソンは、どのような発明でも、その実用的な効用を完全に解き明かし、次の開発の進展を描き出してしまうと、次第に興味を失い、その開発を他の人にまかせて、自分は何か新しいものに取りかかるのが常であった。だが彼の発明はどれも、一人の人間がその改良と製造に一生をかけてもいいほどのものばかりである。

実際、彼の発明を改良して仕上げる仕事に、いまも数千人の人々が終日従事しているが、この国にとって幸いだったことは、彼の心がひとつの事柄に集中するにはあまりに気まぐれで好奇心が強すぎたことである――他の人に出来ない難しい仕事をすべて解決すると、彼は自分の仕事を終了して、出来たものを実際の製造部門に渡す。その後の開発の概要をきわめて正確に書き出す。そしておもむろに、自分の注意を引いていた別の対象に取りかかるのである。

たとえば、一八七八年にさかのぼると、彼はちょうど完成したばかりの蓄音機について、その応用の可能性を書き示している――これらのうちのいくつかは既に実現されており、他もいま見ておかしなものなどひとつもない点に注目すべきである。これが一八七八年の見通しだったことを思い浮かべていただきたい！　以下はそのリストである。

1. 手紙書き、その他すべての口述筆記に速記者は不要
2. 音の出る書籍、盲人が負担なしに聞ける
3. 弁論術の教育
4. 音楽の再生
5. 「家族の記録」家族の言葉や思い出等々を記録すること、そして遺言
6. ミュージック・ボックスおよび玩具
7. 帰宅時間、食事時間等々を明瞭にアナウンスする時計
8. 発音法の正確な再生、その言語の録音保存

9. 教育的利用。教師の説明を録音しておき生徒が好きなときに参照するとか、文字のつづり方や他の学課を録音して記憶できるよう役立てる

10. 電話との接続。一時的で不確かな通信である電話に代わって、永久的で貴重な記録の通信装置を作る

タイプライターは、改良してくれと持ちこまれて、完璧に仕上げてやったものだが、これについて、彼はこう言っている。

「タイプライターを商品化するのは、むずかしい仕事だった。文字の整列が大変だったからね。ある文字は他の文字より一六分の一インチだけ上に配置しなければならなかった。ところが、すべての文字が列からはみ出そうとするのだ。私は機械がまともな結果を出すまで仕事を続けた。数台作って事務所の中でも使った。我々は将来すべてのビジネスレターがこのタイプライターで打たれると信じているよ。私が商用に使える型にしてやったタイプライターは、いまではレミントンとして知られている」

4——実用の意味

　別の時代であったら、エジソンの発明はユニークな科学的発見か、あるいは科学的玩具だと考えられたであろう。古い時代の科学者は、自分たちは学問的発見そのものをやったのであり、それは平凡な日常の世界からまったく離れたものであって、その研究に商業応用の可能性があると言われただけで権威を失うとしてきた。
　そこへエジソンが現れた——誰よりも偉大な科学者。しかも古い科学の慣習にしばられない科学者。科学者であると同時に、大いなる常識の人であった。新しい組み合わせだった。

科学者か技術者か

　エジソンは科学を人類への恩恵だと考え、一つの分野の専門家になるのではなく、自分がやろうと思ったことを成し遂げるための最善の方法と手段とを選び出し、組み合わせていった。この項で述べるように――彼は特定の装置や方法を考え出すという意味での発明家ではなかった。彼自身が総合的な実験研究所だったのだ。彼が科学の理論家と実際家の間の壁をきっちり取り払ってくれたおかげで、いまや我々は科学的な発見を、現在あるいは将来に人が求める応用と結びつけて考えるようになった。その一方で、彼は産業の古い経験則を捨て去り、正確な科学的知識と置きかえた。別の言い方をすれば、科学的研究を実際に役に立つ路線に向けたのである。

　昔からの学界の科学者は、エジソンを自分たちの仲間だとは決して認めなかった。彼が実験をして記録にとどめるだけではなく、実用的なことまでやったからだ。いっぽう技術者たちも彼を技術者とは見なさなかった。伝統的な技術者のやり方では決して仕事をしなかったからだ。じつのところ、彼は科学者であり、同時に技術者であった。そして科学と技術両方の近代精神――つまり、技術者は科学者に依存し、科学者は技術者に依存するというあり方を確立したのだ。

生涯のある時期、彼の仕事の大部分は、持ちこまれてくる発明を改良開発して――タイプライターのように――実用的な商品に仕上げることだった。彼は新しい応用科学とも言うべき分野を創ったといえる。そしてこれにより、彼自身がある程度まで開発改良あるいは実用化したものを、他の人に渡して細部の開発をやらせることも出来たのだ。

エジソンは製品を実用化するまでは決して途中でやめたりはしなかったが、それが出来上がると、とたんに興味をなくすのだった。それは、彼は非常に優秀な「物作り屋」であって、商売上の些細なことに煩(わずら)わされるのは嫌だったからだ。

白熱電球の例以上にこれをよく表わしたものはないと思う。彼は電球の発明だけで終わったのではなかった。彼はそれを、多くの問題点を解決する新しい統合システムのスタートとしていた。

エジソンは、かつてこれについて、次のようにメモに記している。

「第一――広範で基本的に正しい電流の分配方式を考え出すこと。それは科学的な理論に立ち、効率や経済性といった実用上の商用性をも満足させるものであること。これは、ガスによる照明と似た総合的な計画を意味し、導体のネットワークを張りめぐらし、すべてが相互に接続され、いかなる都市エリアにおいても、あらゆる方面から電灯に電気を流せて、ある特定部門の障害による停電が起こらないシステムであること」

「第二――習慣に適合し使いやすさが認められているガス燃焼と同程度の光量を与える電気ランプを考案すること。ランプにいたる銅線はわずかな投資ですむ品質のものでなければならない。各ランプは他のすべてのランプから独立していなければならない。各々の照明および全体が商用のガスに対抗できる経済性をもって製造運営されなければならない。ランプは長寿命で、普通の人が容易かつ安全に扱えるものでなければならない。そして長時間にわたって完全な白熱状態と明るさを保つべきである」

「第三――各消費者に供給される電気の使用量が判定できる方法を考案すること。ガスの場合と同様に、これは消費者の建物にあるメーターによって安価でかつ確実になされるべきである」

「第四――地下または頭上に敷設する電気供給システムまたはネットワークを作り上げること。街路の幹線から各ビルに支線を出し、どこからでも電気を取り出せるようにすべきである。大都市のように、幹線が大通りの地面の下を通るところでは、銅線の保護管やパイプが必要で、これらのパイプも必要な場所では分岐できなければならない。これら電線やパイプと共にマンホール、接続ボックス、コネクターなどいろいろな種類の付属品をそろえて、全体的な配給を保証しなければならない」

「第五――広範な配電区域のすべての地点で、実用上同じ電圧を確保する方法を考案すること。これによって、すべてのランプが、発電所からの距離や点灯されている数に関係なく、つねに同じ明るさを保ち、また突然の急激な電流の変動によってランプが切れるのを守れるようにすべきである。さらに、発電地点で送電地域全体の電圧を正しく制御する方法、ならびに区域の各地点におけるその時々の電圧を表示する装置が必要である」

「第六――効率のよい発電機を設計すること。現在あるようなものではなく、高速エンジンの蒸気パワーを経済的に電気エネルギーに変換し、それと同時に外部消費回路との接続と切断の方法、制御の方法、負荷の均等化、および中央発電所への電力需要の変化に応じて発電機の台数を切り替える方法。さらに効率的な連続運転を保証するための蒸気と電気設備その他の付属品の完全な配置を考案すること」

「第七――過剰な電流による火災その他の事故の発生を防ぐ安全装置を発明すること。さらに電流をオン・オフできるスイッチを発明すること。ランプホルダー、固定具(ソケット)等々の考案。さらにビル内のシャンデリアやソケットまで電流を流す内部配線の手段と方法の確立」

「第八――経済的で効率のよいモーターを設計すること。中央発電所から街路の送電線を通して送られてくる電流によって、エレベーター、印刷機、旋盤、扇風機、送風機などを動かす。私が計画を立案したころには、この種のモーターは知られていなかった」

上記の計画は、いまならわかりきったことのように見えるし、我々は電気が非常に便利な方法で供給されるのを当たり前だと思っている。しかし当時、エジソンのこの計画は、誰にとっても、まったく絵空事であったに違いない。計画の完璧さにおいては大変なものだったが、彼の発電機は当時の電気学の原理にまったく反するものだったのだ。

発電ビジネス

当時、技術界の意見の大半は、電気の主な用途は、急速に広まりつつあるアーク灯――まだ未熟ながらも、ほぼ完全なものと考えられていた――にあるとしていた。だがアーク灯は強烈な光を出すので、非常に大きなビル以外、室内での使用に適さなかった。いっぽうエジソンの白熱灯は、まだ街路照明に使えるほどの強さがなかったが、エジソンは今日の地域照明システムを、すでに予見していた。エジソンの遺物を求めて研究所の周囲を掘り返したとき、我々は四五年前の古い街灯用ランプを発見した。彼は、計画を実行するための材料や品物を、どれひとつとして手元に持ってはいなかった。それは、すでに述べたように、いかなる分野においても先駆者たる者が直面する大変な苦労のひとつである。最初の大規模施設向けに、彼は従来より大きい発電機を計画し、それを蒸気エンジンに直接連結する計画を立てたのだが、その時点まで、彼も含め発電機メーカーは、多数の小さなユニットとベルトを使っていた。また必要なスピードを出す蒸気エンジンの設計製作者を見つけるのも、容易なことではなかった。

今日、発電機はすべて蒸気エンジンかタービンに直接連結しているけれど、エジソンは時代をはるかに先行していたため、当時の蒸気エンジンの設計者は彼の要求に応えられなかったし、そのようなエンジンやボイラーに使う鋼(はがね)もなかったのだ。

最初の商用設備であるニューヨーク市パール・ストリート発電所の開業――メンロ

パークの最初の発電所は実験設備に過ぎなかった――は最大級の事業だったが、エジソンはスイッチ、ソケット、ワイヤの類まですべての部品を自ら設計し製作しなければならなかった。彼はこのとき110ボルトを標準送電電圧として設定したが、それ以来、これがずっと標準規格となっている。

街路に沿った高い電柱に電線を張るのは大変な作業だったが、人口密集地域にワイヤを設置してオフィスビルに引き込むのは、また別の難事であった。前例がまったくなかったことを知ってもらいたい。エジソンは、進行中のすべての段階を把握しておく必要があった。そうしないと大火災の原因になるかもしれなかった。こうして、やっと細部すべてにいたるまでうまく切り抜けた――前もって、研究所で細部まで実験を行ない、考えられるすべての条件で試験を済ませていたからである。

彼は電灯の権利を売ることは拒否し、むしろ自分の管理下でリースすることに固執した。不注意な、あるいは無能な者の手に電灯が渡らないようにしたのである。そのために事業に必要な数百万ドルの申し入れを断わらざるをえなかった、しかし最終的に自分の発明が正しく設置され運転されるのを見るという満足を得た。

かなり長い間、彼はビジネスを管理し、ニューヨークに事務所を持っていた。エジソン氏にとって事務所の仕事ほど退屈なものはなかっただろうが、事業をまかせられる人物が育つまでその仕事にとどまったのである。

この育成自体が容易ならざる仕事だった。我々も自動車を売り出したときに同じ目にあった。国中の職工が修理の仕方をまったくわかっていないと知ったときだ。そのとき私たちはエジソンが何年も前に考案したプランに倣(なら)った。

彼は作業者の訓練校を開いた。おそらくこの種の最初のものだろう。授業は夜間に彼の事務所——南五番街にある住宅で行なわれた。生徒として選ばれたのは、電信、電話、警報機、および当時の簡単な電気器具に多少の経験をもつ者たちであった。彼らは黒板と講義によって基礎と技術を教えられ、さらに一般的な電気工事の初歩を学んだ。メンロパークから連れてきたエジソン氏の助手が教師だった。

記録によれば、この先駆的学生や作業者たちは、のちに有力な工事業者となったり、あるいは中央発電所の管理職や責任者など要職に就いたりしている。私自身はこの分野に遅れて入ったのだが、そのころには主だった人たちは既に教習を終了し、同校は存在の意味を失っていた。

白熱電球が利益を生むまで――価格の設定

エジソンは白熱灯の製造権を自分の手元に置いた。そして、私がここにこそ最も価値があると見ている製造業の原理を展開した。彼はランプを一個作るのに一ドル二五セントかかるのを知っていて、もしエジソン電灯会社――電力会社である――が、彼の特許の存続中、必要な電球を全部買い上げてくれるなら、一個四〇セントで作ると申し出たのだ。どういうことか、彼自身が次のように書いている。

「最初の年、ランプは一個当たり約一ドル一〇セントのコストがかかった。我々はそれを四〇セントで売った、しかしわずか二万個か三万個の売り上げだった。

次の年は七〇セントのコストがかかったが、やはり四〇セントで売った。数はかなり多かったが、最初の年より二年目のほうが損失は大きかった」

「三年目、機械の立ち上げとプロセスの変更に成功し、コストを五〇セントくらいにまで下げ、それをやはり四〇セントで売った。その年は前の二年よりも多くの金を損した。売り上げが急激に伸びていたからだ」

「四年目、三七セントまで下げることが出来、一年で、それ以前に失った金をすべて取り戻した。コストは最終的に二二セントまで下がったが、やはり四〇セントで売った。そしてそれは数百万ドルを生み出した。そうするとウォール街の人々が随分もうかるビジネスだと考え、なんとか手に入れようと、我々の事業を買収したのだ」

「非常に大きな低価格化の要因の一つに、こんなこともあった。スタートしたころには、ある重要な工程を熟練工の作業に頼っていた。フィラメントを球の中に入れて封じ込める工程で、当時はかなりデリケートな作業だった。しかも一日にある程度の数をこなせるようになるには数カ月の訓練を必要とした。そこで、この工程の男たちは自分たちを工場に不可欠な存在だと考え、えらそうな態度を取るようになった。彼らは組合を作って要求を出してきた」

「私は、その作業を機械化できないか、検討を始めた。数日間感触を探ったのちに解決の糸口を見出したので、信用できる部下にそれを渡して試験的な機械を作った。かなりうまく作動するように見えた。きちんと作動する機械をもう一台作った。それから三台目を作った。すると組合がなくなった。それ以来ずっと無いままだ」

まず品物を作るのにふさわしい売値を設定したあと、利益を生むまで大量生産によるコストダウンを進めるという売値設定プランを始めたのは私だと世間では信じられてきた。だがエジソンはずっと昔に、まさしくそれをやっていたのだ。

じつに、今日の我が国の産業で、エジソンが考えつき、試してみなかったものはきわめてわずかである。もしこれまでに、彼のアイデアすべてを受け止めていたならば、我々は国家としてさらに前進していたに違いない。

5――エジソンの天才

エジソン氏は天才だが、彼の発明や発見が突然のひらめきによってなされたという意味で、そう呼ぶのではない。もし彼がそのような天才ならば、今日、彼の重要性は、それほどではなかったであろう。なぜなら彼の生涯の教訓が万人に通じる応用性を持たないからだ。いまでもエジソンのやり方は誰にでも使える――それが多くの人々に応用されてきたという事実が、我が国の偉大な産業発展の理由のひとつなのである。彼は、集中力と思考力によって何が成され得るかを示す証として立っているのである。

だがこれは、誰もがエジソンになれるという意味ではない。そんなのは馬鹿げたことだ。彼の才能——創造力、分析力、記憶力、困難な仕事や思考に対する忍耐力——そのうちのひとつでも彼に匹敵する人を私は知らない。しかし、誰でもある程度はこれらの才能をもっており、エジソンのやり方を応用することによって、多少の差はあれ、何も得られないということはないのだ。

エジソンのやり方

植物学者で最高の育種家であるルーサー・バーバンクは、エジソンと同じ才能を多くもっており、まったく異なる分野の仕事なのに、エジソンがやったのとまさに同じ手法を使った人である。私は二人と一緒になったことがあるが、二人がいかに容易にかつ速やかに相手の考えを理解し合ったかは驚くほどだった。両者とも消去法で辛抱強く研究を進め、まぐれ当たりなど、まったく信じなかった。バーバンクを訪問した後でエジソン氏はこう述べた。

「私のやり方はルーサー・バーバンクが採(と)ってきた方法と似ている。彼は一エーカーに植物を植え、花が咲くと、それを調べる。彼は鋭い眼をもっている。だから自分の望んでいるものになるべき一本を数千の花の中から選び出せる。これから彼は種を取る。そしてその種から数多くの新しい植物を創り出すために、彼は自己の熟練と知識を駆使して改良を重ね、改良変種を大量生産する手法を採り入れているのだ。

私の場合は、こうしたいと思う化学的な結果を求めるときには、数百回、数千回もの実験をやって、正しい方向性を約束する一つの結果を導き出す。これを偶然ではない理屈に合う結論までたどってから、そうでないものを捨てる。すると通常は私が求めているものを得られる。これが経験的であることはその通りだが、いっぽう機械に関する問題の場合には、これまでに取り組み、解き明かしたものはすべて、厳密な論理的思考でやってきた」

バーバンクは経済的な見返りのきわめて少ない分野で研究することを選んだため、最後まで自身の個人的努力に多くを頼ることになり、他人からの有効な助力をほとんど得ることが出来なかった。その点エジソンは、はるかに大きな蓄財能力をもち、資金的な見返りが約束される路線をたどってきた。そのため非常に短い期間に、研究と発明の体制を組織して、彼が自分一人でやるよりずっと多くの実験を、自分の指揮のもとで進めることによって、その頭脳をより実効的に使ったのである。

エジソンは、彼自身が――おそらく世界最高の――偉大な研究機関であるが、決して自分を研究者だなどと考えてはいなかった。なぜなら、彼がやることはすべて目標までの手段であって、重要なことは終着点だけだったからだ。途中の工程は「なさねばならぬことがら」に過ぎない。

彼は創造的能力と同じくらい組織力をもつ点で、多くの発明家の中でも際立っている。彼は自分の周囲に、信用できて彼の註文をどう実行すればよいかわかっている人たちを配置してきたが、この組織は突然に出来上がったものではなく、そうなる訳があった。

じつは、すべての発明者に共通したことだが、エジソン氏も最初に特許をとった装置に関しては、当然に必要性があると思いこんでいたのに、実際は誰の役にも立たなかったということがあったのだ。

一八六八年に、彼は立法府の投票を迅速かつ正確に記録する仕組みについて特許を取った。中でも国会がこの発明を求めているという印象を、彼はもっていた。投票に使う時間をもっと有効な目的に使えるからである。彼は最初の「子供」であるこの装置がワシントンで受けた扱いを、いまでも笑いながら話す。

「議会の、その種のことを扱う委員会で実演をした。委員会の議長は、装置が迅速かつ完璧に作動するのを見てこう言ったよ。『若いお方、もし地球上にここへ置きたくない発明品があるとしたら、それがこれです。賛成できない立法を阻止する少数政党の最大の武器のひとつが議事進行妨害ですが、この装置ではそれが出来なくなる』

「私はそれが本当であることを、この目で見て知っていた。新聞記事の電信士として数マイルにおよぶ国会議事録を扱ったことがあるからだ。今日までずっと、国会の各委員会では、とてつもなく長い時間が、議員の名前を馬鹿みたいに読み上げて記録しそれから投票に入るという段取りのために費やされてきた。これらすべての行為が各議員の机の上のボタンを押せばほとんど一瞬で済んでしまうようになるのに……。ただし、議事を妨害するためなら、いまのままのやり方でけっこうだと思うよ」

このことでエジソンは、望まれているはずだと自分が考えるだけの発明をやめた。それ以降は、必要とされていることがわかっていて、広く応用が期待できるものだけにした。

蓄音機の発明

彼の最初のいくつかの実用的な発明は、電信に関するもので、まだ電信士のころのことだった。これらは対象についての広い知識から簡単に理屈が出てきたもので、推論を実際の実験によって一つひとつ検証し、成果を得たものだった。

これが彼のやり方で、少年時代には、さまざまに学び得たことが真実であるかどうかを確かめるための実験室が必要だった。成人してからは自分が展開する理論のすべての段階を試験しなければ済まなかった。彼は世間で正当と認められたものごとでも、そのままではけっして認めなかった。かつて私に語ってくれたように、よく知られた平凡な化学反応で、記録するほど重要だとは誰も考えないことからでも、いろいろなことが学べると早くから認識していたのだ。

電信の仕事によって、全力を発明にかけるのに充分な資金を得るとすぐに、彼は助手が必要だということに気がついた。どんなに長時間働いたところで彼ひとりでは必要な実験——化学的であろうと物理的であろうと——のすべてを成し遂げられないからである。彼はニューアークに研究所を開設した。そして相場表示機(ストック・ティッカー)の改良で手にした四万ドルの報酬で組織作りをスタートさせた。

それ以降、彼はつねに研究所の統括者であり、自ら手をくだすことなく、頭だけを使う仕事に時間を使えるようになった。多くの発明家の流儀は、秘密を重んじ、なんでも自分ひとりで研究するのが常だが、エジソンはまったく反対のやり方を採用した。それが、あれほど多くの成果をあげ得た理由のひとつなのである。

彼のやり方は蓄音機の発明の経過によく表われている。

「私は、回転板の上に置いた円形の紙に自動的に電文を記録する実験をやっていた。ちょうど、いまの円盤式発声機みたいなものだ。回転板は、レコード盤のように表面に渦巻状の溝が付けてあった。この上に紙の円盤を置き、円盤の上に渡したアームに穿孔（せんこう）用の電磁石を取りつけた、すると磁石に与えたなんらかの信号が紙の円盤に彫り込まれるのだ」

「円盤を装置からはずして接触針の付いた同じような装置にのせると、彫り込まれた記録が別の電線に再送する信号を発生するようになっていた。電信信号の通常の速度は毎分三五語から四〇語だったが、この機械では数百語が可能だった」

「電話の経験から、私は音声振動を受け取る振動膜（ダイヤフラム）の敏感な作用を知っていた。小さな玩具を作ったときのことだ。ラッパ状の筒に大声で話しかけると、ダイヤフラムにつながる歯止めが動く。これがラチェット付きの歯車につながっていて、プーリーに連続的な回転を起こすように働く。このプーリーはコードで木こりの格好をした紙人形につながっていた。そこで誰かが『メリーさんの羊』などと叫ぶと、紙の男が木を

31歳のエジソンと蓄音機（第2号機） 1878年

挽きだすのだ。私は次のような結論に達した。ダイヤフラムの動きをうまく記録することが出来るのではないか、その記録は音声によってダイヤフラムに与えられた当初の動きの再生のもとになるだろう、そうすれば人間の声を録音し再生することに成功するのではないか

「円盤を使うかわりに、表面に溝のある円筒を使った小さな機械を設計した。これにスズ箔を巻いた。ダイヤフラムの動きを受けとって記録しやすくするためだ。設計図を描き、「請負金額一八ドル」とそこに記した。私は設計図ごとに払うべき金額を示すのが習慣だった。職工が失敗した場合、私は通常の賃金を払った、彼が賃金以上のものを作ったときは、それに見合うようにした」

「設計図を手に取った職工はジョン・クルーシだった。私はそれがうまくいくことに大きな期待はせず、一語かそこらでも聞こえたら、そのアイデアは将来に希望を与えるものになるだろうくらいに考えていた。クルーシは、それをほぼ仕上げたころ、何に使うのか聞いてきた。私は、会話を録音して、それを機械にしゃべらせるのだと話

してやった。彼は馬鹿げていると思ったようだったよ」

「ところがだ、それが出来あがり、スズ箔を円筒にセットした。それから私は『メリーさんの羊』とかなんとか大声で叫び、再生機を調整した。すると機械はそれを完璧に再現した。私は生涯であんなに驚いたことはなかったよ。もちろん、そこにいた全員がびっくりした。じつは、私はつねに最初からうまく作動するものを恐れていた。長い経験が、商用に供せるようになる前に、つねに大きな欠陥が見つかることを証明してきたからだ。しかしこのとき、そこにあったのは、疑いもなくすごいものだったのだよ」

これが蓄音機の始まりだった。試作品が作動して以来、エジソンはその原理を見きわめ、それから後は仕上げのための細かいこと、つまり各部品の最善の作り方や各部品を何から作るかを見つけていった。もし最初の試作品が作動しなかったとしたら、エジソンはそれがなぜかわかるまで考え、変更を施した設計図を何枚も描き、それらを試作し、作動するモデルが見つかるまで続けたにちがいない。注目すべきは、彼が他の実験と関連して動作原理を発見し、そして経験から最初の試作品を設計したことである。

6――発明の方法

エジソン氏は器具に熟達しているという意味の機械屋ではないし、数学者でもない。彼に言わせれば、機械屋や数学者は、必要なら雇うことが出来る人たちだ。彼は化学者なのである。いっぽうで、彼は機械屋ではないが機械工学の原理はすべて知っており、なんでも設計できる。

彼の仕事の進め方はいつも同じである。最初に目標――何をつくり上げたいのかを正確に決める。電話、タイプライター、発電機、その他多くの機器でやったように、すでに存在する未熟な機器の改良から始める場合もある。あるいはまた、改良するものが存在しない場合もある。いずれの場合も、彼は最初に研究対象について知られていることをすべて自分の前に集め——同時に各知見を検証する。

実験の進め方

時によって彼自身がテストすることもあるが、通常は黄色い紙に望むものをはっきりと手書きして、助手に渡す。助手がテスト結果を記録したノートが、毎夕エジソン氏に戻される。ノートは誰よりもエジソン氏の手にあるときに、その価値を発揮する。自分が求めていることを彼は正確に知っているが、助手はつねに知っているわけではないからである。

実験が期待したように進まなければ、彼はさらに注意と指示を書き込むが、もし継続に値しないことを実験結果が示していたら、そのときは別の路線を取る。彼はつねに自制的なのだ。

私はそういったノートや鉛筆書きメモの多くを持っているが、いつの日かそれらについても全体的な研究がなされると思う。それらは人類の英知を広汎に探索・記録したもので、次世代が使えるように編纂(へんさん)されるべきだからである。現在、それらは若者たちによって再び使えるように準備されている。

エジソン氏は話すより字で書くか絵に描いたほうが早く簡単にすむことを知っているので、口頭で指示を与えることはほとんどなかった。彼は非常に簡潔に速く書けるため、口述のかわりに手で書いたのである。

作ろうとする何かがあったり、あるいはなんらかの方法で実験を進めようとするとき、彼は明瞭に、かつ素早く、それ以上の説明を必要としない図表を描いた。そういうときのエジソン氏のスピードは驚くほどで、蓄音機の最初のモデルは五分もかけずにスケッチした。

こうして、決まった書式などまるでないのに、実際には、研究所で進められているすべての研究の記録が存在し、迅速かつ明確に書かれた指示書や図面を手渡しできるというエジソン氏の能力によって、数多くの重要な、それも相互に関係のない研究項目が、同時に進められたのである。私は、ひとつの仕事しかしていない彼を、これまでに見たことがない。白熱電球の研究の最中でさえ、彼は、他のきわめて重要ないくつかの研究を進めていた。

そして、こうした研究すべての絶対的な方向性は彼によって決定された。彼こそはリーダーであり、そのリーダーシップを疑う者などいはしない。私の見るところ、どんな助手にとっても、彼の指示の先を行くことなど、ほとんど不可能である——それは彼が提言を受け入れようとしないということではない。どの実験についても彼の指示がその対象の重要点を全体的にカバーしているため、助手は、自分の意見がすでにエジソン氏の頭の中にあった些細な項目に過ぎないことに気づくからである。

彼がリーダーシップを主張する必要などありえない。まともな知性をもつ助手にとって、それはまったく疑う余地のないことなのだから——そういえば、エジソン氏は長い間、平均的な知性をもたない人を近くに置くことなどなかった。愚かさや長たらしい説明が許せないのである。

エジソン氏のやったことで、「まぐれ当たり」というものはない。対象についてあらゆる知識に完全に精通することなしには、彼はいかなる案件も決してスタートさせない。狙いのない試行錯誤はしないのだ。彼はまず初めに先人がやったすべてのことを調べて、彼らが正しい結果を導きだしたかどうかを見きわめるために、すべての実験を繰り返す。

彼は、化学的あるいは物理的な問題に対しては、結果にもとづいて理由づけをする。実験は単純に実験であると考えて、もし想定した結果が出ない場合、その実験が正しくなかったと認める。そうやって、順々に消去法によって、何をすべきかを見出すのである。

対象についてすでに存在する知見は、彼になんらかの示唆を与えるかもしれない。あるいはまた消去プロセスを速くするかもしれない。もし既存の知見がなかったら、エジソン氏は最も妥当だと考える理論の検証実験から始める。たとえば彼はいま、合衆国内で容易に成長し、戦時には国内に充分供給できるゴムの原料となる植物を探している。

草木や樹木は、一般に、このような角度から研究されたことがない。そこで彼はためらうことなく、先行するすべての知見をもとに、国内で容易に生育する草木のゴム成分を調べはじめた。すでに一万五〇〇〇種以上を調査しており、いずれ、少なくとも彼が正しい路線に乗っているか否かを判定するのに充分な、かつ詳細な結果が得られるであろう。

蓄電池の開発を始めたとき、彼は世の中に自分の望む種類のデータがひとつもないことを知った。そこで彼は自ら実験をすることから始めた。実験には番号をつけ、一万を数えるとそれを「シリーズ」と呼び、再び番号一をつけて次の実験を開始した。望むものを見つけるまでに、このシリーズは五回に達していた。しかもこれらすべての実験には、それぞれ確たる理由があり、その可能性を図(はか)るために進められたことを忘れてはならない。

巨大プラントの設計も

彼はつねにものごとを全体として取り上げ、研究をやり通した。白熱灯の研究開発では、既に述べたように、電力装置全体のシステム設計を行なった。鉄鉱石の磁気選鉱を目指したときは、完全な設備プラントを手にするまで中断しなかった。セメントでも同じことをやった。

鉄鉱石とセメントを取り上げてみよう、ここでの難しさは、適正な製造工程を見出すことより、それを商業的なニーズにどう適合させるかにあった。

エジソンは、白熱灯システム開発の真っ最中にもかかわらず、低品位鉱石の磁気選別を可能にする粉砕・選鉱装置の計画を立てた。それは当時、唯一実用的だった高品位鉄鉱石を溶鉱炉に装入する方法と規模は同じだが、低コストで出来るやり方だった。彼は、きびしい条件のもとで限られた量の高品位鉱石を採鉱するより、低品位の鉱石を大量に掘って濃縮するほうが安くなるという意見をもっていた。

彼が正しかったことは、いまでは一般に認められている。鉱石の磁気選鉱自体は目新しいものではなかった。しかし非常に低いコストで大量の原料を処理するという現実の問題に挑戦した者はいなかった。彼はほぼ自動化されたプラントを設計し、ニュージャージーに建設した——白熱灯から稼いだ金の大半を使って。

磁気選鉱の原理はきわめて簡単である。もし磁鉄鉱の塊を粉末に出来れば、鉄の粒子を磁石によって分離できる。エジソンは粉砕した鉱石を細い流れにして磁石のそばを落下させた。磁気粒子は真っすぐな流れから磁気によって内側に引き寄せられ、その重さによって仕切りの片側に落ちる。いっぽう非磁性の残り屑は、ずれることなしにそのまま落下する。このようにして完全な分離が行なわれた。

人は細い試験管を使って実験しているエジソンを思い浮かべる。しかしこのように彼は数千トンを流しこむような装置も自在に扱った。彼が建設した濃縮プラントでは、さらに粉砕鉱石の徹底的な精製法を開発し、四八〇基の磁石を通過させた後には九一から九三パーセントの酸化鉄を含んだ濃縮物を製出した。さらにこれらの原材料を取り扱うために、彼は、それまで誰も考えなかった完全なコンベア・システムを設計・

製作した。

　彼は低価格で大量の鉱石を提供し、強く反発した鉄鋼業界を制した。しかしそのとき、前に述べたように、メサビ鉄山の高品位鉱石の露頭が発見され、これには彼も対抗できず、鉱山経営は失敗に終わった。だが、もちろん彼の方法は、いまでも高い有用性を残している。

7——成功のよろこび

セメントでエジソンは再び大量生産に挑戦した。彼はセメントがあらゆる建築資材のうちで最も信頼性が高いと主張した。彼はよく言っていた。

「木は腐る、石は割れたり崩れたりする、レンガは崩れやすい。だがセメント・鉄構造は明らかに壊れにくい。古代ローマの浴場を見てみなさい。建てたときのようにしっかりしている」

彼はセメントを次世代の建築材料とみなし、その生産に入ることに決めた。大量の材料の粉砕と運搬については、磁気選鉱プロジェクトでの経験が大いに役に立った。

彼は、いつものように事業案件に関して信用できる事項を調べつくし、また情報を求めて、どこへでも人を派遣した。これが始まったのは、こういうところが興味深いのだが、新しい蓄電池にかかわっている最中のことだった。

さまざまな実情を把握すると、次に彼は製図机の上に大きな紙を置き、建てようとする工場の設計図を描きはじめた。そのまま二四時間ぶっ通しで、のちに建設されることになった工場全体の配置図を描き上げた。

その工場はいまでもほとんどそのまま残っている。彼はセメント製造をやったことはなかったが、もし今日あらためて工場を建設するとしても、実質的な変更は必要ないだろう。

計画の中で、彼は粉砕機から包装建屋まですべての工程を考慮し、創案した。そうして長さ約半マイルの工場では、原料から毎日二二五万ポンドのセメントがほぼ自動的に製造されていったのである。

白熱電球の輝き

彼は、こうしたスケールの大きな仕事と対照的な、次のような仕事にも手をつけていた。

「一八七五年の後半にかけて、私はニューアークの工房で、手紙のコピーを作成する装置を発明し、シカゴのA・B・ディック氏に売った、それは数年のうちに世界中に広まり、『謄写版』と呼ばれている。また、パラフィン紙とその製造装置を発明して世に出した。いまでは世界中でキャンディなどを包むのに使われているよ」

あるいは、白熱灯の仕事についての彼の考えを聞けば、大きな仕事と同様に、小さな仕事でも細心の注意を払ってやっていることがよくわかる。

「ちょうどあのころ（一八七八年）、私は何か新しいものに取りかかりたかった。するとバーカー教授が、電気照明をガスのように小さな単位に小分けできないか調べてみたら、と言ってくれた。これはとくに新しい思いつきではなかった。その一年ほど前に、電気照明についてはいろいろな実験をやっていたからだ。ただし、蓄音機のために中断していた。私は調査を再開し、研究を続けることにした」
「もとに戻って、私はあらゆる種類のデータを集めるお決まりのコースを開始した。今回はガスについてだった。ガス工業会の会報などを全部、その他、バックナンバーを含むガス関係の雑誌をすべて買い求めた。あらゆるデータを手に入れると、次はニューヨークのガス配管を実地に調査した。そして電気の分配の問題も解決可能であり、商業化できると確信を得た。

電気ランプを商業的に実用化するには、ガス灯と比較して、少なくとも次の二点を解決する必要があった。

第一に、それは適度な明るさをもっていなければならない。第二に、各個が別々に、互いに独立して点灯・消灯できなければならない。この基本的な考え方を胸に、我々は、ただちに実験を再開した」
「数多くの実験をやってみて、電気照明を小分けする問題の唯一可能な解決策は、ランプが高い電気抵抗と小さな発光面積を有し、さらにまた、それらは多重アークシス

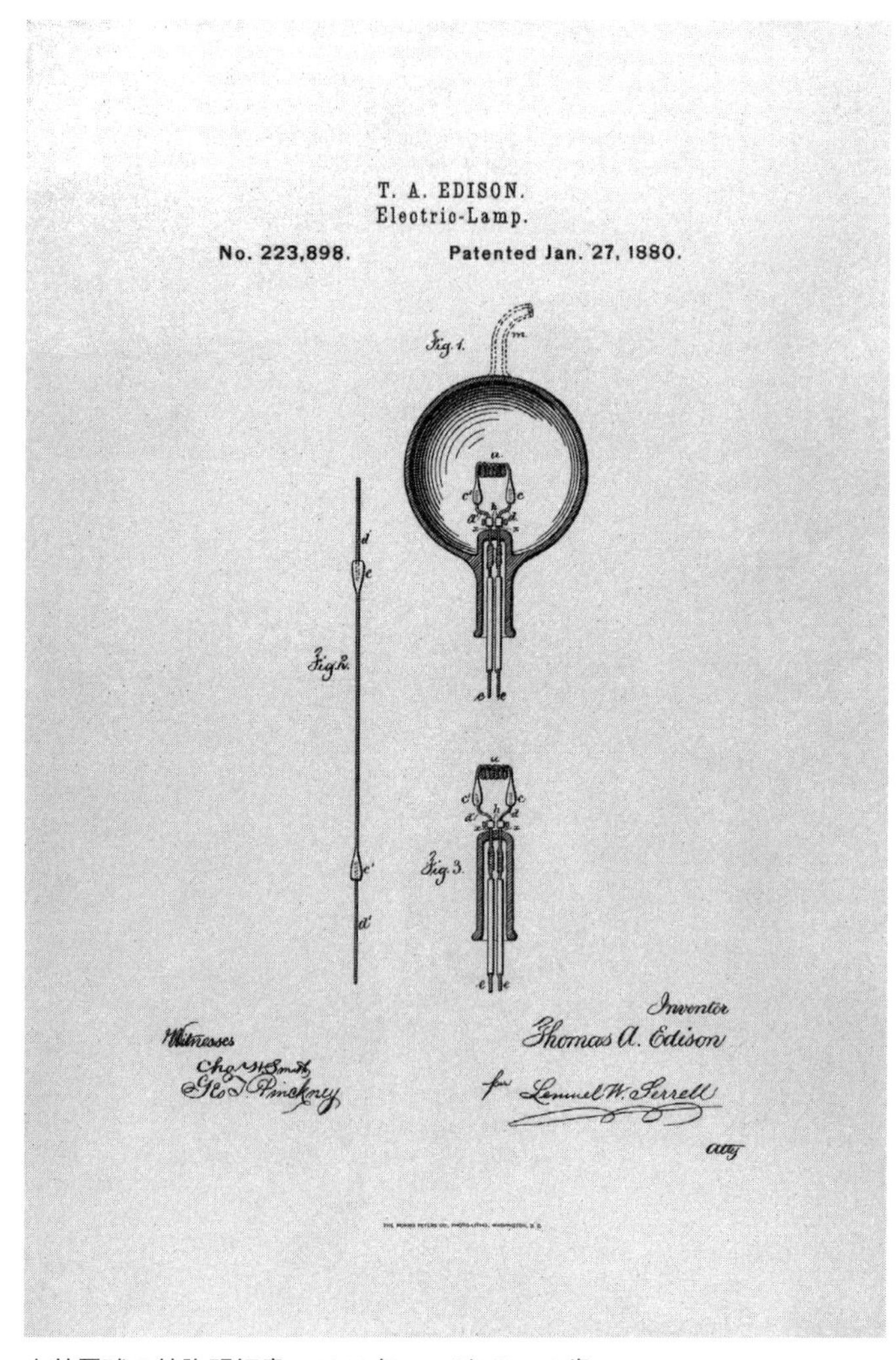

白熱電球の特許明細書　1880年、エジソン33歳

テムによる動作、つまり個々に独立していなければならないとの結論に到達した」

「私は炭素の性質について前からよく知っており、髪の毛のような細いフィラメントに作れるならば、それが比較的高い抵抗値と、当然、小さな発光面積をもつはずだということはわかっていた。しかし、もろいフィラメントが機械的ショックに耐え、二〇〇〇度以上の温度で、断線せずに一〇〇〇時間以上も保つだろうか？」

「また、このフィラメント状の電導体を真空容器の中に設置し、完全に成型して組み立てられるだろうか。いろいろな温度になるだろうし、その間、フィラメントを傷める空気の粒子を入れないなどということが出来るのだろうか？　それだけではない、設計が出来たとしても、ランプは単に研究所でだけ使うものではなく、低コストで大量に製造され、傷つけないで長距離輸送が可能な実用的商業製品でなければならない。こうした問題と、他の多くのマイナーな――マイナーであっても重要性が低いわけではない――課題を、大きな課題と組み合わせながら考えていった」

「すでに述べたように、私は初期の実験から、炭素ではうまくいかないことを知っていた。当時は棒状や帯状のものを使っていたが、フィラメントよりずっと大きいのに耐久力がなく、私が指示した最適な条件下でも数分で焼け切れてしまった。しかし、高い真空状態に到達しそれを維持する方法を知った現在、私はすぐに炭素に戻った。当初から発光体としては理想的な物質だと思っていたからである。次のステップでは、以前からの推論の正しさが決定的に証明された」

「フィラメント発光体を使って自分の理論を検証することに決めた。古い研究ノートに一八七九年一〇月二一日とある。飽きるほど多くのテストの後、我々は木綿の縫い糸を炭素化することに成功した、馬蹄形に曲げ、それをガラス管球の中に封入し、そこから百万分の一気圧の真空に達するまで空気を抜いた。ランプを密封してから真空ポンプを外し、そして電流を流した」

「光った。息づまるような最初の数分間に我々はすばやく電気抵抗を測定した。275オーム——まさに我々が望んだ数値だった。それから我々は腰を降ろし、じっとランプを見つめた。どのくらい長く光っているか見たかったのだ。

問題は解決した——もし、このままフィラメントが光り続ければ……。我々はすわって見ていた。ランプは光り続けた。長く輝くほどに、我々は魅せられていった」

「誰も寝に行く者はいなかった。四〇時間、誰も眠らなかった。すわったままで、よろこびにふくらむ期待のうちにそれを見ていた。ランプが切れたのは約四五時間後だった。私は実用的な白熱ランプが生まれたことを実感した。生まれたばかりの実験用のランプが四五時間も灯り続けたのだから、数百時間、いや千時間でも輝くランプを作れると私は確信した」

「このときまでに四万ドル以上を電灯の実験に使っていた。しかしその結果は、出費をはるかに上まわるものになった。このランプによって、高真空中で炭素のフィラメントを使ったランプが実用上安定しており、従来の炭素を使った白熱発光体のどれよりも劣化や酸化なしに高温に耐えるにちがいないという発見をしたからだ。その上、このランプは高い電気抵抗と小さな発光面積という固有の特性をもち、電導体としての経済性にも優れている。そして個々の照明装置は小さな電流しか要求しない——これは、電気照明向けの電流の分配を可能にする、絶対的な必要条件なのだ」

「実用的な白熱ランプの発明によって、全体システムへの最初の障壁を、まずは乗りこえた。ランプをさらに完璧なものに仕上げる一連の実験を続けながら、私自身は胸に描くシステムの他の重要部分の考案に忙殺された。いずれも前例がまったくなく、世界中のどこからも購入できない代物ばかりだった」

「すべてを発明する必要があった。発電機、制御装置、メーター、スイッチ、ヒューズ、ソケット、地下ケーブルとそれに必要な接続ボックス、その他絶縁テープにいたるまでの無数の部品をだ。すべてが新規で、ほかにないものだった。当時の世の中でなんとか使えたのは銅線くらいだったが、それだって絶縁されていなかった」

「私の研究所は熱気をおびた活力の舞台だった。我々は昼夜を分かたず、日曜日や休日も絶え間なく働いた。私は体力があったし、一丸となった大勢の忠実な人たちがいて、熱気と活気の中で仕事をした。

わずかな期間に膨大な仕事を成し遂げ、一八七九年のクリスマス前までに、研究所と事務所、自分の家と発電所から五分の一マイルにある何軒かの家、そして二〇基ほどの街灯をライトアップした。このための電流は、この目的のために作って絶縁した地下ケーブルを通して送った」

どんな人でも、エジソン氏の忍耐力と知力のごく一部だけでももって事に当たるなら、目前のものごとをいまよりよくすることに失敗するはずはない。それが研究者――または発明家エジソンの偉大な教訓である。

8――あらゆるものへの興味

あるとき、エジソン氏と私はカリフォルニアのルーサー・バーバンクを訪問した。バーバンクは訪問簿に記帳してくれと言った。その名簿には、サイン、そのあとに住所、そのあとに職業、最後に「興味をもつもの」という欄があった。エジソン氏はとくに急ぐふうでもないが速やかに――普通の人が走り書きするよりずっと速く、一字ずつ離れた花文字付きのあの字体で明瞭な署名を行なった。そして最後の欄に一瞬のためらいもなく書いた。

「あらゆるもの」

このことはエジソン氏という人物をよく表わしている。彼は、文字通りあらゆるものに興味をもっている。重要なポストの応募者を選び出すときの彼のいつものやり方は、長い質問用紙で世の中のほとんどすべての事項にわたる候補者の好奇心の特徴を調べるものである。彼は、偏狭だったり、ひとつのことにしか興味を持たない人は好きではないのだ。

自分自身の研究でも、スペシャリストや単一の仕事しかやれない人間をまわりに置こうとはしない。興味の範囲がせまい人間を許容できないのだ。彼自身のものごとへの興味は、いまでもデトロイト公共図書館の棚から棚へ、分野にかまわず読破しようとした半世紀前の少年時代とまったく変わることがない。

エジソンの美の概念

私がこれまでに知る範囲で言えるのは、彼は、すべてのものに興味をもっているだけでなく、すべての分野の専門家であるということだ。科学の専門家であることは誰でも知っているが、私は、彼との最初の旅行で、彼のもつ鳥類、樹木、草花に関する知識の量を知って、じつに驚いた——それ以後も旅行のたびに、また彼とのあらゆる会合のたびにこの驚きは続いている。彼はまた地質学や天文学についても精通している。

歴史や政治に関する知識はきわめて広く、一般には信じられていないが、美術についても並々ならぬ造詣があり、とくにギリシャの美術や建築の簡潔な素晴らしさをよく理解している。彼自身、線描と造形について非常に繊細な感覚をもっており、彼の描いた図面や彼の図面から作ったモデルは、細部まで本当に美しいものばかりだ。彼の美の概念は簡潔さにもとづいており、手の込んだ精緻さにあるのではない。彼は単なる装飾をよしとしない。彼の描く簡素な線はとても調和がとれており、装飾的に描いたものよりずっと美しい。

彼のデザインの調和美は、私が思うに、彼の観察の正確さと仕事の経済性から来るものであろう。より簡素なものはより優れている。最も簡潔な設計は実用上も最善なだけでなく、美的な観点からも最善である。私はいつも、醜悪な、つまり派手なだけのデザインにはどこかに欠陥があると感じている。そしてそれは通常――設計者が、単純に表現できるところまで、その問題を考え抜いていないからなのである。

カネ稼ぎでも天才

エジソンは、自分でやろうと選んだことなら、どのような分野でも大きく成功したはずである。彼は手がけたすべてのことに失敗していない――子供のときでも。あらゆることに対して、彼はすばやい発想力と際限のない活動能力を発揮してきた。一五歳になる前に、農夫として、商人、そして新聞社の社主として成功していた。もっと以前、一二歳になる前のころでさえ、父親の野菜畑を運営し、作物をポート・ヒューロンで売った。彼は農場で体を動かす作業を好まず、というより、むしろ自分の時間のより効率的な使い方を考えていたのだ。次の話は、一二歳の少年として彼がやったことである。

「炎天下でのとうもろこし畑の除草は面白いものじゃない。だからこそ都会が成長したのだと私は疑わないが。そんなころ、グランド・トランク鉄道がトロントからヒューロン湖岸のポート・ヒューロン、さらにデトロイトまで延長になり、同じころ南北戦争が始まった。この機をのがさず、私はローカル列車に新聞売り子として乗り込む許可を母から得た。ポート・ヒューロンからデトロイトまで、距離六三マイルのローカル列車は午前七時に出発して、午後九時半にふたたび戻った」

「列車に乗り込んで数カ月のち、私はポート・ヒューロンで二軒の売店を始めた――一軒は雑誌、一軒は野菜、バター、そして季節の果物の店だった。利益を分けあう約束で少年二人をそこで使ったけれど、雑誌店のほうはすぐに閉じた、まかせた少年が信用できなかったからだ。野菜ショップは一年くらい続けた」

「鉄道が開通してからしばらくして、デトロイトを朝出発して夕方に戻る急行が出来た。私はこの列車に新聞売り子を一人乗せる許可をもらった。この列車に一輌の貨車が接続されていて、貨車の一部は手荷物用、一部は郵便用だったが、長い間使われていなかった。毎朝、私はデトロイト市場の野菜を入れた二つの大きなカゴを郵便車に積みこんでポート・ヒューロンに送り、そこで例の子供が店に運んだ。地元で育ったものより品がよかったので、すぐに売れた」

「運賃を払えと言われたことはなかった。なぜだか、いまでも説明できないがね。私が小さくて勤勉だったことを除いても、合衆国の郵便車を無賃で仕事に利用した度胸は記念碑的だよ。こちらは長く続け、他にも沿線の農家からバターや、季節には大量のブラックベリーを仕入れた。私は卸売りを安く買い、技師や鉄道員の奥さんたちには特別に割引した」

「しばらくして、毎日、移民列車が出た。七両から一〇両の客車がノルウェイ人で一杯だった。みんなアイオワやミネソタに向かった。この列車にも、パン、煙草、スティック飴を売る少年を一人雇った。その後、戦争の拡大につれて日刊紙の販売が非常に儲かるようになった。それで野菜店のほうは手放した」

普通の少年なら普通に仕事をし、それに満足しただろうが、エジソンは自分の出会った仕事やものごとを必ず改良した。うちに秘めた競争心が非常に強く――〝挑戦〟せずにはいられないのだ。新聞売り子の仕事でさえ、彼一人の手にあまるようになり、すぐに手伝いを雇ったことは注目すべきであろう。

南北戦争の進行にしたがい、エジソンは、通常の郵送による配達より早く列車内で新聞を売れるという有利な立場を利用した。彼はデトロイトで列車の出発を待っている間に、シャイローの戦いで大勢の死傷者が出たと耳にした。普段の運行では百部の新聞を売っていた。彼は千部を仕入れることに決めると、電信士仲間たちに、各駅の公示板に記事の要点をナマの戦況として書き込んでもらうよう手配した。すると、こういうことが起こった。

「最初の停車駅ウティカは、いつもなら二部しか売れない小さな駅だった。私はプラットフォームの先に人だかりを見た、団体旅行かと思っていたが、私が下車すると私に向かって彼らが押し寄せてきた。このとき私は電信が大変な発明であることを実感した。そこで三五部を売った」

「次の駅はマウント・クレメンス、いまはリゾート地だが当時は一〇〇〇人ほどの町だった。いつもは六部から八部の新聞を売っていた。もしここにも大勢の人がいたら、もっと大量の新聞を仕入れなかった判断の欠如を、五セントから一〇セントに値段を上げて埋め合わせようと決めた。人だかりがあった、そして私は値段を上げた。行く先々で群衆が待っていた」

「ポート・ヒューロンでは、駅の四分の一マイルほど手前で飛び降りるのが習慣になっていた。このあたりで列車が速度をゆるめるからだ。飛び降りやすいように砂袋を敷いておいて、降り方も上手になっていた。町はずれに近づくと大勢の人だかりに出会った。そこで私は大声で言った。『一部二五セントです、皆さん！　全員の分はありません！』。全部売れた。そして当時の私にとって莫大ともいえる金を儲けた」

こんなことを続けながら、彼は自分の列車新聞を発行し、目につくあらゆる本を読んで、出来るかぎりの化学の実験や、その他の実験をやった。つまり彼の行動のすべてを説明するのが「実験」なのである。エジソンは新聞売りや商品の販売などを好きでやっていたわけではない。じつに、研究実験のためにほかならなかった。自分の仕事に必要な金を得るためには、どんな機会も見逃さなかっただけなのである。

自分でもっと重要だと考えた研究を進めるために金稼ぎを中断したときを除けば、彼はお金に不自由したことはない。資金不足を理由に研究をやめるということは絶対になかった。金が足りないのを知ると、しばらく金儲けに向かったからだ。彼は、単なる金儲けなど、大した努力をする価値のない容易なものだと考えていた。

「いじめ」もやり過ごす

彼は何をやっても一流という生まれつきの才能をもっていた。彼より速く正確な電信士はいなかった。何年も前のことだが、ボストンの電信マンが、電信士として最初の重要なポジションに就こうとするエジソンをやっつけようとたくらんだことがあり、そのときの出来事を、いまでも彼は自慢にしている。彼がよく語った話がある。

「私は中央電信室に入り、夜勤の責任者に紹介された。寒い気候に粗末な身なりで、一風変わった私はみんなの笑いを誘い、後で知ったのだが、夜勤の電信士たちは『どこの田舎の西部からきた青二才』をペテンにかけてやろうと相談していたのだ。私はペンを与えられ、ニューヨーク第一回線に振り当てられた。

「一時間ほど経ってから、私は特別のテーブルに着いてボストン・ヘラルド向けの特別記事を扱うように言われた。連中はニューヨークの最も早い通信士のひとりに高速文を送らせて、新米を『塩漬け』にしてやろうとくわだてていたのだ。私は何も疑わずにテーブルについた。ニューヨークの男はゆっくりと打ちはじめ、すぐにスピードを上げた。だが私はマイペースで容易に受信した。これが相手の気持ちを高ぶらせ、彼は全力で打ちはじめた。しかし、私はらくに追いついた」

「この時点でたまたま頭を上げた。そして、電信士全員が私の肩ごしに注目しているのを見た。連中の顔は悪ふざけと興奮で輝いていた。それで連中が私をペテンにかけたことを知ったのだが、私は何も言わなかった」

「ニューヨークの男は次に単語を不明瞭にしたり、言葉を一緒にしたり、信号を遅らせたりした。しかし私は、このスタイルの電文の受信には以前から慣れていたので、少しも困らなかった。やがて、お遊びはもう十分だろう、おかしなことは終わりにしようと、私は静かにキーを開き、ニューヨークの相手に電信で注意してやった。『おい、若いの、今度はもう一方の足で送ってくれないか』とね。これでニューヨークの男はすっかり度肝を抜かれて、仕事を終わらせることも出来ず、別の人にまかせてしまったのだよ」

9——いつ仕事をして、いつ眠るのか

前にも言ったように、彼はその日のニュースに遅れを取ることはなかった。自分のビジネスに関係する記事は言うに及ばず、日々の新聞記事を拾い読みするのに数分しか、かからないからだ。彼は世間から離れたことはないし、政治的に何が起こっているかも熟知している。

前回の大統領選挙運動の間、彼は候補者の演説を注意深く聞いていた。彼が政治的に中立でないことは言っておいたほうがよいだろう。支持する人と反対する者ははっきり決まっており、もし聞かれれば、相手が感情を害するかどうかに関係なく、自分の姿勢をためらわず明確に表明するだろう。

彼は相手の感情をあえて害することはしないが、誰かの意見に迎合するために自分の意見を取り下げたりはしない。彼が政治について知識を得たのは、電信士として数百万語におよぶ連邦議会記録を扱ったころにさかのぼる。そのころ彼は当時の議会のメンバーのことをよく知っていたから、電信で入ってくる演説を再文章化することが出来たし、そうしなければならないこともよくあった。たとえば、

「私はルイヴィルの新聞社の仕事をしていたが、下手な送信手だった。それで新聞報道の聞き取りを専門にやらされた。新聞社の人たちは午前三時に印刷にまわして仕事を終えると、そこでのやり取りを私がほしいだけもらって行くことを許してくれた。これを家に持って帰りベッドの下に置いた。私は四、五時間以上眠ることはなかったので、九時か一〇時に起きて、夕食時間までにそれを読んだ」

「このようにして、私は最新情報を入手していた。だから議会のメンバー全員について知っていたし、連中が開いていた委員会、起こっているすべての出来事、中央市場

における穀物の値段までも知っていた。だから、抜け落ちた単語や文章を推測しておぎなうという点で、私はほかの電信士よりもずっと有利な立場にあったわけだ。抜け落ちは、当時の古く腐食した絶縁の悪いワイヤでは、とくに嵐の晩に多かった。こんなとき、場合によっては全体の五分の一をまったく推測だけによって埋めなければならなかった」

このように、不完全なワイヤから送られて来た通信をまとめ上げ、ためらいもなく完成させたところに彼の真骨頂がある。これが、エジソン氏が情報を得てきたやり方である。彼は自分の人生で起こった出来事や、いままでに読んだことで思い出せないものはない。すべてを記憶し、すべてに精通している。

読書・談話・睡眠・食事

ここ数年の間、私は、彼が使った古い品物を集めたり、彼の古い建物の復元に努めたりしていたので、最初のころの配置について、彼に細かいところを何度も聞く必要があった。すると彼は、すぐに鉛筆と紙きれを取り出して、古き日のあらゆる物の配置を正確に描いてくれた。機械装置が一台抜けていると、それがどんなものかを描くだけでなく、それをどこで買ったか、そして、いまならどこでそうしたものを見つけられるかまで教えてくれる。

彼は評判の書や小説などを含め、あらゆる本を読んでいる。一冊の本を読み通すわけではなく、数分でちゃんと読みたい本かそうでないかを見分ける。そうやって、苦労することなく、何を読むべきかを知るのである。

こうしたことから、エジソン氏が何か仕事をする機械でもあるかのように思われるかもしれないが、実際は逆で、彼は非常に人間的であり、何かの仕事に没頭しているときを除けば、人と一緒にいるのが大好きである。形式ばったことを好まず、公的な晩餐会やそのたぐいへの出席はきわめて稀(まれ)で、彼をどこかに連れ出すのはたいへん難しいが、劇場が好きだった時期もある。また彼は、尽きることのない笑い話の泉であり、中国の話から始め、あらゆる民族や国家の物語、方言についてなど、午後の時間を全部でも語り続けられる。この才能を取り上げただけでも、彼が並みの人間でないとわかるはずである。

彼は好奇心が強いだけの人たちや英雄崇拝者とは会わない、意味もないおしゃべりより自分の研究を続けるほうが重要だと考えているからである。話すべき内容をもつ人とか実際のビジネスに関係のある人とは普通に会った。

エジソン氏の睡眠の仕方については、いろいろと言われてきた。眠らない男だと思われている。毎晩一定の睡眠を取らないのは本当で、四時間眠るか九時間眠るか、あるいはまったく眠らないかである。自分の必要に応じて睡眠時間を調節しているのである。

何かに強く興味を引かれると、ベッドに入って普通に睡眠を取る必要など感じなくなるのだ。彼は何かを始めると、思考が機能しなくなるまで仕事を続ける。あとはその場で横になって眠りに落ちる。

彼は、夢を見たことがないと私に話してくれた。そして、いつ、どこででも瞬時に眠れるというのである。

誰もが知っているように、重要なのは睡眠の量ではなく質である。その意味でエジソン氏はおそらく必要とする睡眠を十分に取っているのだろう。私は、彼が睡眠不足でどうだということを聞いたおぼえがない。彼に関しては、そんなものはないと思う。一緒のキャンプ旅行などでは、彼は好きなときに眠りに入る――それはその場での出来事に興味がないときである。訪問客やまわりのことに興味を感じないと、椅子にもたれたまま眠る――することが何もなければ、休養を取ってエネルギーをたくわえておいたほうがましだと感じているからだろう。

食事についても同様だ。彼は立派な体格をしていて体力もあるが、これといった運動はまったくしていない。それを必要としないからであるが、もともと非常に活動的で、研究の大半を室内でやる人にしては、自然に新鮮な空気の中によく出かけていく。最近まで、好きなものを好きなときに食べていた。会食に行くときでも、そのときに自分の食べたいものを持参するか、家を出る前に食べてしまう。

若いころは、買える金があれば、なんでも食べたが、年とともに自分に合ったものを知って、それにこだわるようになった。彼はアルコールは飲まないが、たばこを吸うし噛みたばこもやる。ただし紙巻きたばこを認めず、絶対に避けている。こうした姿勢は彼に限ったことではないが。

すべてエジソン流

彼の生活全体は、労力の経済的消費プログラムとして組み立てられている――自分にとって必要でないことをやるのは、なんでも嫌いである。あの睡眠の習慣も時間を経済的に使おうとする彼の要望の表われである。彼は初期の研究所にいつも時計を置いていた――しかし全然動いていなかった！　これこそ、この研究所が時計の決める時間の奴隷でないことを端的に表わしている。彼の時間は彼自身が決めるのであって、時計の習慣によるのではないのだ。

同じ考えは、彼の手書き文字にもある。各文字は別れており、それはいかにしたら最小の労力で迅速に明瞭な字を書けるかを見出そうとした経験のたまものである。

「私がこのスタイルを作り上げたのは、新聞記事を扱っているころだった。私の電信線はシンシナティ中継局の『めくら線』に接続されていたので、単語や文を聞き逃したとき、あるいは電信線の調子が悪いときに、割り込んでさっきの言葉を聞き返すということが出来なかった。なぜならシンシナティの相手は私を受信する装置を持っていなかったからね。私は入電だけで仕事をしなければならなかった」

「私がその仕事に就いていたころ、コビントンでオハイオ河を横断したケーブルはルイヴィルにつながっていたのだが、やたらに漏電し、信号電流の強さを激しく揺らした。そのため雑音もひどかったが、私は比較的容易に読みとれた。このひどい漏電に加えて、クリーブランドに向かって北上する信号線の具合が悪く、送られてきた信号の意味を取るには、多大な想像力が必要だった」

「想像力を身につけるにはそれなりの時間が必要であり、そして入電は一分間三五語から四〇語の速さで大量に入って来るので、実際に受信したものと受信なしで想像に

独特なエジソンの署名

よるものとを書きだすのは大変に難しかった。したがって非常に迅速な書き手となる必要があり、そこで私は最速の字体を探し始めた」

「私は、縦長の字体で各字が別れていて、なんの飾りのない字が最も速く書けること、さらに字が小さいほど速いことを発見した。毎日、平均すると八段から一五段の新聞記事を扱っていたから、自分流のやり方を完成させるのに長くはかからなかった」

彼の手書きスタイルは今日すっかり定着して、五〇年以上前に初めてつくり上げたときと同じくらい速い。

エジソン氏の習慣は独特で、彼一人だけに合わせて作り上げられたものである。すると、彼と一緒に働きながら、彼の習慣に順応できない人たちはどうしたのだろうか？　じつは、採用試験の判断のひとつは、エジソンの仕事のやり方に合わせられるかどうかだった。そして注目すべきは、いかに多くの人たちが、つねに前線の仕事を続け、彼と一緒に居ただけでなく、どんなに長時間の仕事を求められても、その長い時間をやり抜けるような自分なりのやり方を工夫したことである。

彼が部下を一人で徹夜仕事をさせることは決してなかった。いつも一緒に仕事をして、それも自分は二人分以上の働きをするのだった。誰かが眠る必要があれば、エジソンと同じようにして眠った。人は非常に面白い仕事に熱中している間は少しの睡眠しか必要としないことを私は見てきた。興味が薄れると眠りが迫って来るのだ。

努力する人なら手助けする

前にも言ったように、エジソンは非常に人間的な人である。だが、あまい人ではない。ほどこしをすることが人を助けることだとは思っていない——自ら助ける人ならよろこんで助ける。

前の章で、私は若いころのエジソンが駅長マッケンジーの愛娘をマウント・クレメンス駅で線路の上から助け上げ、その見返りにマッケンジーが彼に電信術を教えた話をした。年を経てエジソンは世界的な人物になった。そしてある日、その駅長がメンロパークの研究所を訪ねてきて、こんな意味のことを話した。

「私は年寄りで仕事を失った。あなたはいまや有名人だ。何かしてくれたらと思うのだが……。私に仕事をくれるか、紹介してくれないか?」

「私は、どこにどんな仕事があるか、まったく知りません」とエジソン氏は答えた。「でも、ニューヨークには、通信路に障害を与えないで誰もが通知できる火災報知機を発明した人に五千ドル出すという人がたくさんいます。それを考え出して、お金にしてはいかがですか?」

「私は何も発明したことがない」と駅長が言った。「どうやったら、その金を手に出来るだろうか？　大勢の人がいろいろとトライしていると思うが」

「それがどうしたというのです？」とエジソンは続けた。「あなたは電信士です。私が始めたころと同じくらい電気についてはご存じです。時間があれば私はこれをうまく出来ると思っていますが、他の案件で忙しいのです。私が援助します。研究所を使って下さい。あとはご自分で出来るはずです」

駅長は、決まった目標を与えられて研究を続け、必要な装置をすべて案出して五千ドルを得た。それ以来彼は数多くの発明品を考案し、快適に暮らし、幸せのうちに世を去った。

彼は、よき仲間として、亡くなるまで研究所の近くに住んだ。エジソン氏は面白い話が好きで、いっぽうマッケンジーは限りないほど多くのジョークと笑い話の蓄えをもっていた。彼はまた白熱灯の開発に関与したこともあった――研究者としてではなく、材料提供者の一人としてだが。

「ランプのフィラメント用に、世の中にあるものなら、なんであろうと炭化してみていたころに、私はマッケンジーのもしゃもしゃの赤ひげを一つまみ所望した。我われはあらゆる物を試し、髪の毛まではやっていたのだ。ひげもうまく炭化できた。そしてエジソン・マッケンジー髭ランプを白熱すると、赤くきれいに光ったよ。おかしいのは、数年後に炭化した毛髪をフィラメントに使って白熱ランプを製造する特許を、どこかの発明家が実際に取ったことだ!」

エジソンはユーモアに敏感である。つねにものごとのおかしな側面を見つけ出し、それをポイントにして、面白い話にしてしまう。深刻な状態でも笑いを忘れるということはない。そしてキャンプの夜に焚き火をかこんで話を始めたりすると、夜中の一時か二時まで続ける——彼は時間の経過など気にしない。話のタネは山のようにもっており、地球上のあらゆる民族のおもしろ話を、見てきたように語ってみせる。

彼はユーモアのセンスのない人間を理解できない。若いころに付き合いのあった投資家連中の大半は、まったくユーモアのセンスのない人たちだった。つまり、彼らは彼を自分たちの目的のために利用し、彼も彼らを自分の目的のためだけに使ったのである。

と言っても、彼は人をあるがままに認め、その生き方をとがめたりはしない。彼は何度か金融取引で失敗しているが、いずれの場合も、金作りに時間をかけるより、新しい仕事を推し進めていくほうに興味があったからなのだ。また、他の人が何をやっているか知らなかったためにだまされたなどということもありえない。彼は自分自身の研究がうまくいっていれば、他のことなど何も気にしなかっただけである。

彼はすばらしく寛容である——手抜きのまずい仕事をのぞいては。

10——書物を超えた教育

エジソンの発明の恩恵を受けたことがなく、彼のおかげをこうむったこともないという人間を見つけようとすれば、ジャングルの奥深くまで行かなければならないだろう。文明のあるところエジソンあり、なのである。私は彼を最も偉大なアメリカ人だと信じている。さらに純粋に個人的な観点からも、彼に傾倒している。

彼は私を支援してくれた最初の人である。自分のその経験から、私は彼がいかに多くの人を助けられるかを知っている。それで、彼を回想・称揚するだけでなく——これが私にとって最も重要なのだが——人々を助けるためのエジソンの継続的な活動と同様に、エジソンの「発想力」をも保存するなんらかの方法が必要である、と考えた。だが、それは言葉では出来ないだろうし、彫像や建築物でもだめだろう。

収集し復元し保存する

生存中のこの偉人の影響力を保持するために私の考える最善の方法は、彼が生活し、最も重要な仕事を成し遂げた場面を保存することである。ニュージャージー州・メンロパークでエジソン氏は蓄音機と白熱灯の全体システムを発明した。フロリダ州・フォートマイヤースでは蓄音機レコードを完璧に仕上げ、多くの重要な発明をした。

ずっと昔に彼はメンロパークを閉じたが、エジソン氏本人と彼の友人たちに助けてもらって、我々は我がフォード社のあるミシガン州のディアボーンに、木々や生け垣にいたるまで当時とまったく同じようにメンロパークを再建した。発見できた建物、家具、備品はすべてそこへ運び、そして新しい材料で作らなければならないものでも、材料は正確に元と同じものにした。

人々は電灯が初めてもたらされたそのままの場面を見ることが出来、偉大な発明がいかにシンプルに世に出てきたかを実感できるだろう。

我々はフォートマイヤースの研究所も移設し、同時にエジソン氏の生涯における重要な試作品、図面、その他多くの資料を見つけて手に入れた。それらは博物館の一翼とエジソン技術研究所に収める予定である。この建物は、科学の成果を教育するためと、これまでに集めたアメリカに関する収集物を収納するために建てられたもので、ゆくゆくは植民地時代から現在にいたるまでに合衆国で使われたあらゆる分野の文物と機械器具を展示することになる。もうひとつの区域には、人類がこれまでに使ってきたあらゆる形態の輸送手段の実例が入るだろう。

ここには、しかし、別の意味がある。そのポイントは博物館と研究所全体がエジソン氏を記念しているという点である。彼は巨大なコンクリートブロックにサインをして、その上に足形を残し、同時にルーサー・バーバンクお気に入りのスコップを突きさした――バーバンクも、次の世代の人たちの鼓舞激励のためにその業績と手法を永久に保存されるべき人物だからである。

建設中の建物群は、中央前面の小さなビルから左右両翼につらなっている。中央のこのビルはフィラデルフィアの独立記念ホールの正確な複製である。なぜなら私は、エジソンが、彼の仕事を通じて新しい型の独立宣言をしたと固く信じているからである。この博物館に保存した物は、経済的な独立に向かって進んできた我々の足跡を示すものである。したがって、この国で最も意味のある建造物を、こうした環境条件の中に再生することがふさわしいと思われた。

メンロパークの再生は、実に面白い仕事であった。

エジソンは、もともと一時しのぎの場に過ぎなかったニューアーク研究所での地主とのトラブルの最中、一八七六年に新研究所の建設用地としてメンロパークを選び出した――小さな町をいくつも調べた後だった。彼は安い土地を望んだ。そして部屋数が取れて都会の騒音に妨げられないところ。その条件を満たす場所としてメンロパークに決まったのだった。

エジソン氏と私が最終的に、ディアボーンでも元と似たような場所にメンロパークの再建を決める際、私たちは土地鑑定士と一緒にその土地へ出向いた。私たちは古い建物のために、よりしっかりした土台の位置を決め、エジソン氏が主な建物の建っていた地点を指定した。このようにして計画の完全な輪郭を描き、昔のものに正確に合わせながらディアボーンの地所に配置をしていった。メンロパークの気候以外、すべてを取り込むつもりだった。

最初の最も重要な古い建物は、エジソンが一八七六年に建てて一〇年間使った研究所本棟であった。ここは土台と一階の一部を除いてなくなっていた。梁の何本かが業者によって外されて他の建物に使われていたが、その他は、ほとんどがなくなっていた。エジソンは建物の寸法を完全に記憶していて、我々の作業のためにスケッチを描いてくれた。彼の図と土台を照合してみると、いつものことだが、完全に正確だった。次に我々は土台のレンガを一個ずつ、杭を一本ずつ掘り返し、番号を付けてディアボーンに送った。同時に、三軒の家にあった古い梁と付属部品を探し出し、これらを買い求めた。梁を外して、その後、再び組み立てた。

古いドアを一枚、床屋で発見し、さらに婦人用帽子店でも見つけた。我々は近隣で多くの椅子を付属部品にいたるまで追跡し、またオーシャン・グローブ（ニューアークと同じニュージャージー州の町）のあちこちの建物からたくさんの家具類を見つけた。頑丈な椅子や家具の部品がこんな形で長く生き残り、長い旅をするというのも興味深いことだ。

未来を創り出した実験室

現在ディアボーンに移設された研究所は、二階半建てで、一階に二つの小さな事務所がある――もともと事務所とほかの設備が一緒にひとつの建物の中に入っていたからである。二階は見通しのよい大きな一つの部屋である。当時エジソンと一緒に働き、白熱ランプを作ったときの助手で現在生きている三人のうちの一人のフランシス・ジェールが建物の中の配置を手伝ってくれた。彼は言う。

「最も重要な実験を行なったのはこの研究所の上の階でした。そこで白熱ランプが生まれたのです。この階は数個の長い机を収納した大きなホールからなっており、机の上に、いろいろな設備や、その当時の先端技術で作ることの出来た理化学装置が見られました。本が乱雑におかれ、あちこちに重クロム酸カリ漕の長い列が見られました、それと一緒にエジソンや助手たちが関係したアイデアの試作品がありました」

「壁の棚には、考えられるかぎりの化学品や手に入るかぎりの試料を入れたビンや小瓶その他の容器が並んでいました。ホールの端に置かれたオルガンの近くには、世界中の貴重な金属のシートやワイヤと、稀少で高価な化学薬品を一緒に入れた大きなガラスケースがありました。


夕暮れがやってきたとき、そして落日の最後の光が横の窓から射し込むとき、このホールは本当にファウストの実験室のように見えました」

「一階に測定台がありました。それは、敏感な装置に影響をおよぼす振動を避けるため地中深く埋め込んだ太いレンガの柱の上に置かれていました。そこにトムソン反射

フォードによって復元されたメンロパーク研究所の２階実験室
（写真：Andrew Balet）

鏡式検流計と電位差計があり、すぐそばに検流計の調整と較正に使う標準セルが置かれていました。この測定台は、電線で研究所と機械工場のすべての部署につながれ、そのため距離が離れていても、測定を便利に行なえたのです。当時は現在あるような携帯できる直読型の測定器はありませんでした」

「後になって、この測定台の向かいに光学測定室が出来ました。ブンゼンの理論にもとづいて組み立てたものです。また少し離れたところに、パーティションで仕切って、加熱炉と臭気チャンバーを備えた化学実験室がありました。その後、もう一つの化学実験室を光学測定室のそばに作りました」

我々が再建した建物は、約半分はもともとの木材、残り半分は新しい木材で出来ているが、その作りに関しては、細部にわたって正確に復元したものだ。当初の装置は紛失していた。エジソン氏が、いったん用済みとなったものには気をとめなかったからだ。私たちは、あちこちから当初の品々を集め、それ以外は複製品をもとめるように努めた。当時、化学薬品や装置を納入していたニューヨークのアイマー・アンド・

アメンド社は、売上記録を調べて多くの複製品を送ってくれた。部屋の端にあったオルガンも、正確に再製作した——研究所の部下たちが歌い、エジソン氏が一本指で弾いていたオルガンである。

当初の物品がさらに多く見つかりそうになった。古い研究所の近くの窪地に桜の木が立っており、その下に直径約三〇フィートの穴を発見したからだ。研究所では、この穴の中に使用済みのものをいろいろ投げ込んでいた。地面には堆積物がつもり雑草が茂っていたが、私は何かがその下にあるのではと、なんとなく感じた。そこで人を使って掘り出すと、二六樽分もの廃棄された道具類や実験の残骸が出てきた。多くの貴重なものがあった。

研究所の楽しき日々

エジソンと、懸命に働く仲間によって蓄音機と白熱灯の両者が生み出されたのは、この建物の中でのことだった。彼らの生活は研究所に集中してはいたが、仕事と同時によき時間を過ごしてもいた。もう一度、ジェール氏を引き合いに出そう。

「昼食の後は、いつもみんなで葉巻を楽しみました、そして私がここで言えるのは、エジソンは食事にはまったく頓着しないのに、葉巻はいつもいいものをくゆらせて、それがいやしと安らぎになっているように見えた、ということです。夜食の後も、みんなで葉巻を楽しんでいると、少年たちの一人がオルガンを弾きだし、よくみんなで一緒に歌ったり、誰かがソロで歌ったりしたものでした。

「少年の一人は、古いトマト缶とピューター（スズ合金）食器の中間のような声をしていました。彼がある歌を歌いだすと、みんなで大笑いしました。彼はまたスズ箔蓄音機の音声のまねをするのも上手でした。時どきガラス吹き職人のベームが、気分が乗ってくると、チターを演奏しました、そしてドイツの美しい歌でみんなを楽しませました。

「このような折りには、研究所は、よく愉快で陽気な客の集会所になりました、ほとんどがエジソン氏の古い友人や知り合いでした。また事務所の使用人の何人かも時どき加わりました、そして居あわせた人すべてがいつも夜食に招かれ、全員でこの集いを楽しんだのです。しばらくして、我々が仕事に戻るころになると、お客さんも眠るために家が恋しくなり、我々は立ち上がって仕事に就き、そして彼らは帰っていくのでした、大抵は『グッド・ナイト・レディ』のような歌をうたいながら。

「エジソン氏が朝の三時あるいは四時まで仕事をするのはよくあったことで、研究所の机の上で横になるのが常でした。彼は二冊の本を枕にするだけで、ぐっすりと寝入っていました。このほうが軟らかいベッドよりずっといい――ベッドは男を駄目にすると彼は言っていましたよ。

「明け方に、研究所の助手の何人かが机の上で眠っているのを見ることが、時どきありました。そのいびきが、まだ作業中の人の仕事をさまたげる場合、『静穏器』が使われました。この器械はふたのないバビット石鹸箱で出来ていました。その上にクランク付きの幅広のラチェット歯車が取り付けてあり、歯車の歯に合わせた木製の爪が強く弾かれるのです。この箱をいびきかきが眠っている机の上に置いて、クランクをガーッと回します。
「こいつが出す音は、とんでもない轟音でした、寝ていた者は、台風が研究所を襲ったのかと飛び起きてしまいます。あのころの抑えようのないイタズラ魂が、時には行き過ぎもあったにしろ、若者たちをリフレッシュさせる浮かれ騒ぎのひとときをもたらし、そして新たな活力をもって仕事に向かわせました」

研究所を建ててから二年目に、エジソン氏には照明システムの導入に関連した発電機その他の設備を開発するための機械工場を持つ必要が出てきた。彼は頑丈なレンガ造りの平屋を建設し、のちに、その端に発電室として使用する建屋を増設した。この建物で最初のエジソン発電機が、職工のジョン・クルーシの監督のもと組み立てられた――クルーシは最初の蓄音機も作っている――そして増設建屋に八台の発電機と一台の励磁機（れいじき）が置かれた。

これが世界で最初のエジソン中央発電所であった、そしてこの発電所から彼は実用化の宣伝目的で小さな町に電灯を灯した。最初の商用発電所は前の章で述べたニューヨークのパール・ストリートのものであった。

このメンロパークの機械工場の大部分は保存されていた。我々は散逸してしまったレンガもほぼ復元した。レンガは別のいくつかの建物に使われてしまっていたが、特定するのはそれほど難しくなかった。我々の新しい機械工場は、壁と土台に関するかぎり、当初のものである。屋根は新しくせざるをえなかった。

残念ながら、もとの機械類は、ボイラー以外に発見できなかった。発見されたボイラーは修復した。蒸気機関、発電機およびすべての機械類は散逸していた。だが我々は機械類と蒸気機関のメーカーを見つけ出し、彼らに複製品を取り付けてもらった。さらにエジソン氏が発電機の設計図を保持していたので、我々は古い仕様にもとづいて新しいものを組み立てた。

これら設備のすべてが動作可能な状態にあり、発電所は電線や取付け部品の正確な複製品を使って現在の村へ、昔やったように電気照明を供給できる。我々は昔の電柱や当初の付属品も使っている。そして電流スイッチをオンにすれば、白熱灯で照らされた最初の村を誰にでも見せることが出来る。それは書物が教える以上のことを我々に教えてくれる。

11——エジソンの精神は生きていく

次に重要な建物もレンガ造りだったので、もともと使われていたのと同じような新しいレンガで造った。これは構内で唯一の展示施設で一八七八年に展示場所——つまり事務所兼図書室として建てられた。電灯や他の発明品を見にくる資本家を受け入れられる場所がここしかなかったため、展示場所にせざるをえなかったのだ。

この建屋の中にあるものはすべて新しい。ひとつのシャッター以外に、古いものは何も残っていないからだ。表向きにはエジソン氏の事務室となっていたが、彼はここで多くの時間を過ごしたことはなく、彼の居場所は研究室であった。

研究所の運営

当時エジソン氏を補佐したサミュエル・インサル氏は、事務所と研究所の運営について以下のように書いたことがある。

「私はエジソンの事業生活を系統づけしようとはしなかった。彼の仕事のやり方はどのような事務システムにも合わなかった。研究所の中で彼は真夜中でも日中と同じように仕事をし、時間や曜日の観念というものがなかった。疲れるとしても、夜中より真昼に眠くなるらしかった。発明に関する彼の仕事の大半が夜分に行なわれたからだ。私は出来るだけ自分の経験にもとづくやり方で彼の事務所を運営したが、どんなときでも、まず彼の都合に合わせようとした。

「彼は時どき、数日間にわたって一度も郵便物に目を通せないほど忙しいことがあったが、通常は毎朝きちんと事務所に出ていた。そんなときでも、私がニューヨークで日中多忙な場合は、彼とのメンロパークでの事務的な打ち合わせは夜にもちこされた。

「実際、便宜上、私は彼を夜分につかまえることが多かった。そのほうが私の昼間の時間が自由になって、彼の案件を処理できたからだ。またそうすることで、だいたいは夜食のときに、数分の打ち合わせの時間が取れて、目を通すべきものを見てもらったり、個々の交渉ごとや資金の問題などへの彼の対応策や方向性をつかむことが出来た。これは業務を進める上でエジソンの都合にかなったし、私自身の考えにも合っていた。彼との業務をすっかり終えた後で彼の仕事ぶりを見学でき、そして技術的な事柄についても少しは学べるという特権を享受できたからだ。

「私が電灯や電力産業について少しは知っているのは、すべてエジソンの教育によるものだ。彼は自らよろこんで教えてくれる最良の教師だった、辛抱強く教えてくれた彼に感謝しなければならない」

当時の苦労をしのばせる建物群

かつて機械工場と研究所の間には、木工場として使われた小さな木造の建物が建っていた。そして近くにガソリン設備があった。彼が白熱ランプを創り出すまで、唯一の照明はガソリン・ガスによるものだった。その後、ガソリン・ガスは電球製造用の小さなガラス吹き工場──研究所に近い別の木造建屋──で加熱用に使われた。

その木工場とガス建屋は完全になくなっていた、しかし私たちはそれらを再び建設し、完全な設備を備え付けた。ガラス工場もそのようにした。それは幅一〇フィート長さ二七フィートの平屋で、小さな屋根裏部屋付きであった。

この建物は、最初は写真スタジオとして建てられたのだが、エジソンが最初の電灯用のガラス球を吹くのに大変苦労したときに、ガラス工場に変更された。そしてここでガラス吹き職人のベームが夜昼なく電球を吹いているかと思えば、とんでもない時間に屋根裏部屋に這い上がって眠っていた。彼は文字通り仕事と共に生活していたのだ。仕事の合間で眠りもしないときには、彼はヨーデルを唄いチターを弾いたと報告されている──ジェール氏が書いているチターである。

ジェネラル・エレクトリック・カンパニー（GE）がこの建物をパリスパニーの工場に持っていた──メンロパークから移設していたのだ。だが、彼らはこれを我々に進呈してくれた。私たちは当初の設備のいくつかを見つけてきて残りは復元した。また、当時使っていた装置を使い、熟練のガラス吹き職人によって実際にここで吹いて作られた電球も保持している。

エジソンは高純度の炭素を得るのに大変な苦労をしたのだが、私たちは、そのために使った小さな建物も復元した。当時この中で、単純だが注意深く調製したランプの煤を集めて、ごく小さな円盤にプレスし、エジソン炭素送話器に使っていたのだ。夜警のアルフレッド・スワンソンが、煤が出るように燃える石油ランプの列で構成されたこの奇妙な設備の面倒をみた。彼は、夜の間に何度も、各々の煙突から煤を掻きとらねばならなかった。それらをごく少量ずつ量り分け、手動プレスで小さな角型またはボタン状にプレスして送話器のメーカーに発送していた。

我々は、先駆者が材料を得ようとして出会う困難を示すために、これらの設備一式を完全に復元したのである。エジソンはこのすぐ近くに実験的な電気鉄道を敷設していたが、こちらは復元していない。

あと一軒の不可欠な建物がないと、復元建築全体として完全とは言えない、だが、それはエジソン氏のものではない。助手たちが研究所を出たときに暮らし、そして眠った——サリー・ジョルダン氏の寄宿舎である。ここは白熱灯で照明された最初の家である。二戸建住宅で、全部で一三部屋あった。実に幸いなことに、この家はそのまま残っており、よく手入れされていた。

私たちは建物を一個ずつ解体した——煙突のレンガまで——そしていまディアボーンに再現された建物には、古い建物になかったものは釘一本も加えていない。当初の家具類の大部分を見つけ出し、ほとんどの部屋を再現した。一つの部屋だけは例外で、そこにはエジソン氏の生まれたオハイオ州ミランから持ってきた家具のいくつかを入れた。

次代に残す真の財産として

このようにして、一連の建物群は細部まで完全に復元された——内部も外部も。希望する人は誰でもその設備環境、道具類を見ることが出来、さらにこの全能の努力家の存在した場所の雰囲気から何かを感じることが出来るであろう。これらの建物から炭素送話器、蓄音機、白熱ランプとエジソンの配電システム、商用発電機、電気鉄道、メガホーン、タシメーター（微圧計）、その他多くの発明が生み出されたのだから。そしてエジソンの初期の業績である四重電信機、六重電信機、多重電信機、自動電信機、さらに無線電信における先駆けの研究も、ここでなされたのである。

フォートマイヤースの研究所はこのグループには含まれないのだが、すべてを一カ所で保有しようということから、一九二八年にエジソン氏が私に譲渡してくれた。そこで私はそれをフロリダから持って来て再び組み立てた。建物は当時のままのもので、もともと一八八四年にエジソン氏の父親によって、メイン州の木を切ってきてフロリダに建てられたものだった。ある意味で当時の移動式建物であり、部材の大半を北部で作り、フロリダで組み立てた。したがって再建も難しい仕事でなかった。

それは一方の端に小さな事務所が付いた平屋の建物である。大きな部屋は機械工場

フォード（左）とエジソン（中央）
1929年、フロリダのフォートマイヤースにて

と実験室兼用だった。まわりの壁にあらゆる種類の瓶と化学薬品があり、部屋の中央に向かって軽機械類――二台の高速旋盤、ネジ切り機、フライス盤、ドリルプレス、グラインダー、平削盤が並んでいる。これらのすべては当時のものであり、ボイラーや発動機も元からのものである。

事務所には、背の低いウォールナット製の机がある。古い昔に電信士が使ったような机で、私がミシガン州フレーザーの鉄道の駅から持ってきたものである。エジソンが電信を勉強したのと同じ机かもしれない。彼は、それはわからないが、これと似た机で勉強したことは憶えていると言っている。エジソン氏が正しい「s」の音の蓄音器録音を実現させたのはこの建物でのことであり、北部の研究所で完成した一連の多くの研究もここで開始された。

我々はエジソン氏の一生を、さらに再現しようとした。少し前にグランド・トランク鉄道のスミス・クリークの鉄道駅舎を買い取った。この駅は一八五八―五九年に建てられ、若いエジソンが最初の小さな実験室と共に列車から放り出された駅であるという理由で歴史的である。駅は構内に再建され、そしてエジソン大発明五〇年記念祭（一九二九年）の機会にその場面を再現演出するため、我々はエジソンが新聞売り子として働いていた列車に使われたような古い機関車を手に入れた。さらに当時の古い客車を何両か見つけ出してきて組み合わせた。その中には、もちろん、彼の少年時代の列車実験室を正確に再現することも含めた。

我々はこの「復元」の仕事を、細部にいたるまでエジソン氏や彼の関係者と一緒にやってきた。そして私は復元が正確に出来たと信じている。それは正確でなければならない。昔の場面の再現なのだから正確さについて妥協は出来ないのだ。私は、このように具体的に展示された歴史を見学する人たちが、そこにない部分を補おうと時間を空費するのではなく、そこにある事実そのものから想像を拡げていってほしいと望んでいる。

そしてもしこの展示が、たとえ数人の少年少女にでも、この国をつくり上げた精神のなんたるかを伝えることが出来たならば、そのとき努力は無駄にならなかったと言えるだろう。トーマス・アルヴァ・エジソンによって余すところなく示されたアメリカの勤勉の精神は、この国の真の財産（たから）なのだ。

トーマス・エジソン年譜

1847年　2月11日、トーマス・アルヴァ・エジソンとしてオハイオ州ミランに生まれる。
父サミュエル・オグデンJr、母ナンシー・マシューズ・エリオットの7人の子どもの末子。

1855年（8歳）　小学校に入学、「なぜ?」を連発し、3カ月で中退させられる。
基本的な勉強は、かつて小学校の教師であった母親に教わる。

1857年（10歳）　自宅の地下に実験室を作り、さまざまな化学薬品を揃え、実験に没頭。

1859年（12歳）　グランド・トランク鉄道の新聞売り子となり、世界初の車内新聞「ウィークリー・ヘラルド」を創刊。
荷物車内に自分の研究室を持つ。

1862年（15歳）　マウント・クレメンツ駅マッケンジー駅長の娘を列車事故から救い、電信技術を教えてもらうことに。

1863年（16歳）　電信士としてアメリカ、カナダをまわって腕をきたえる。
＊ヘンリー・フォード、ミシガン州デトロイト近郊のグリーンフィールドに生まれる。

1865年（18歳）　ケンタッキー州ルイヴィルでAP通信支局の通信員として勤務。

1868年（21歳）　ウエスタン・ユニオン社のボストン支局に電信技師として勤務。
電気投票記録機で最初の特許を取る（生涯1000件を超える特許取得の第1号。だが効率がよすぎて議会では採用されず）。

1869年（22歳）　ニューヨークの相場電信会社に勤務。ストック・ティッカー（株式相場表示機）の特許を取得、独立。

1870年（23歳）　ウエスタン・ユニオン社にストック・ティッカーの特許を4万ドルで売る。
ニュージャージー州ニューアークにティッカー工場と研究所を建設。
最大の理解者であった母ナンシー死去。

1871年（24歳）　自社の子会社の従業員であった16歳のメアリー・スティルウェル（1884年死去）と結婚。
1873年　マリオン・エステル・エジソン誕生。
1876年　トーマス・アルヴァ・エジソン・ジュニア誕生。
1878年　ウィリアム・レスリー・エジソンが生まれる。

1872年（25歳）　自動電信機、二重交信・四重交信システム、電気ペン、複写機の研究を開始。

1876年（29歳）　ニューアークの工場を処分して、ニュージャージー州メンロパークに研究所を設立。

1877年（30歳）　電話機を完成（特許取得はグラハム・ベル）。電話での「ハロー」の挨拶を普及させる。蓄音機を発明。

1878年（31歳）
「エジソン電灯会社」ほか関連会社・工場を設立。
＊フォード、自力で内燃機関を組み立て。

1879年（32歳）

10月、炭素フィラメントの白熱電球の実験に成功。12月、メンロパークの工場で白熱電球を一般公開。

白熱電球を実用的に改良（この特許の有効性について訴訟が起こり、裁判で特許が有効と判定されるまでに時間がかかった）。

白熱電球の売り込みのための合弁会社を成立。直流の電力を供給するシステムを確立させる。

エジソン発電機の開発。
＊フォード、16歳で学校をやめ、デトロイトでエンジニアとして働いた後、ウェスティングハウス社にガソリンエンジン工として就職。

1880年（33歳）
助手で探検家のウイリアム・H・ムーアーを日本に派遣。
京都、八幡男山付近の竹がフィラメント素材として最適と判断。発電機の制作。
電気照明用のシステム発明。初の電気機関車実験に成功。

1881年（34歳）
「エジソン電気照明会社」設立。パリの国際電気博覧会で「名誉賞」受賞。

1882年（35歳）
世界最初の中央火力発電所をロンドンとニューヨークに設置。運転開始。

1883年（36歳）
エジソン効果（真空管発達の基礎）の発見。電球の実験中に発見した「エジソン効果」は、20世紀に入ってから熱電子放出現象として研究され、真空管に応用されて今日の電子工業発展の基礎となった。
また自製の発電機や配電設備を利用して独自の電気機関車をつくり、1883年からの電気鉄道事業の基礎となる。

1884年（37歳） この頃から1886年にかけて、日本藤岡市助、岩垂邦彦らがエジソンを訪れるようになる。
後年のNEC、東芝の萌芽。

1886年（39歳） 富裕な発明家・実業家であったルイス・ミラーの娘で20歳のマイナ・ミラーと結婚。
1888年　マドレーン・エジソン誕生。
1890年　チャールズ・エジソン誕生（エジソンの死後、エジソンの事業を引き継ぐ。
政治家、ニュージャージー州知事、アメリカ海軍長官代行）。
1898年　セオドア・エジソン（科学者）が生まれる。

1887年（40歳） ニュージャージー州ウェスト・オレンジに大研究所設立。動画撮影機キネトグラフを発明。

1888年（41歳） 改良型蓄音機の完成。エジソン系列会社が合併し、「エジソン・ゼネラル・エレクトリック」社が発足。
*フォード、クララ・ブライアントと結婚。製材所を経営。

1889年（42歳） キネトスコープ（のぞき眼鏡式映写機）発明。パリ万国博覧会へ出展。

1890年（43歳） 鉱山事業に取り組む。

1891年
＊ヘンリー・フォードがエジソン電気会社に入社。

1892年（45歳）
「ゼネラル・エレクトリック」社と「トムソン・ハウストン」社が合併、「ゼネラル・エレクトリック（GE）」社となる。エジソンは経営から離脱。X線の研究。

1893年（46歳）
シカゴ万博、電流供給を交流式に決定。直流を主張したエジソンは敗退。
＊フォード、チーフ・エンジニアに昇進。自宅裏作業場で内燃エンジンの研究に没頭。

1895年
＊フォード、自転車のタイヤを使った自動車「クオドリサイクル」を完成。

1896年（49歳）
のちの自動車王ヘンリー・フォードと出会う。当時33歳のフォードは、自社の社員。

1897年（50歳）
改良映写機ヴァイタスコープを発明。

1898年（51歳）
鉱山経営に失敗。

1899年
＊フォード、2号車を完成。エジソンの会社を退社して「デトロイト自動車会社」を、副社長兼チーフ・エンジニアとして創設するも、ほどなく倒産。

1900年（53歳）
アルカリ蓄電池の研究開始。磁力選鉱法発明。
＊フォード、「ヘンリー・フォード・カンパニー」を設立するも、他の共同起業者たちから追い出される（社はのちに「キャデラック」となる）。

1901年（54歳）セメント事業を始める。
＊フォード、38歳でミシガン州グロスポイントのレースに出場して優勝。
賞金と出資者を獲得。

1903年 ＊フォード、「フォード・モーター・カンパニー」を創設（副社長兼チーフ・エンジニア）。自社のクルマでセント・クレア湖氷上1マイルを39・4秒（時速147・05km）で走り、自動車速度の世界新記録樹立。

1908年（61歳）活動写真特許会社の設立。
＊フォード、モデル・T型フォードが完成。

1909年（62歳）アルカリ蓄電池の完成。

1910年（63歳）トースターを発明。

1912年（65歳）フォードがエジソンに業務提携を持ちかけるが、うまくいかず。

1914年（67歳）ウエスト・オレンジの研究所が火事で全焼。「これまでの失敗の記録は灰となった。一からのスタートを神に感謝」と再出発宣言。

1915年（68歳）開発競争の続いた蓄音機で、最後に「エジソニック」を商品化。
この年、合衆国海軍諮問委員会委員長となる。

1919年　＊フォード、社長職を息子のエドセルに譲る（1943年まで）。

1922年（75歳）　「ニューヨーク・タイムズ」紙の投票で「最も偉大な現存するアメリカ人」に選ばれる。
＊フォード、ゴムタイヤ安定供給のためブラジルに広大な土地を買いつけるが失敗。

1927年（80歳）　人工ゴムの研究。
＊フォード、A型フォードの登場。

1929年（82歳）　白熱電球発明50周年記念祝賀会が世界各地で開催される。
＊フォード、この記念祭を主催。電球発明時のメンロパーク研究所などを復元した。

1931年（84歳）　10月18日、ウエスト・オレンジの自宅で死去。

1943年　＊フォード、息子の死で再びフォード社の社長に。

1945年　＊フォード、リタイア。復員した孫のヘンリー・フォード2世が社長に。

1947年　＊ヘンリー・フォード死去（83歳）。

1967年　＊フォード、自動車殿堂入り。

1969年　エジソン、自動車殿堂入り。

[監修・訳]
鈴木雄一（すずき・ゆういち）
1943－2017年。1966年、早稲田大学理工学部金属工学科卒業。74年、東北大学大学院博士課程修了、金属材料工学専攻、工学博士。74年、古河電気工業株式会社入社、中央研究所勤務。2001年、常務取締役、研究開発本部長。03年、古河テクノリサーチ株式会社社長。2008年、産学国際特許事務所所長を歴任。
著書：『形状記憶合金のはなし』（日刊工業新聞社、1988年）ほか。教職歴：東北大学客員教授をはじめ東京大学、東京工業大学、東京芸術大学の講師など。

装丁………佐々木正見
DTP制作………水谷イタル
編集………富永虔一郎

【新装版】
**自動車王フォードが語る
エジソン 成功の法則**

発行日❖2012年8月31日　初版
2018年5月31日　新装版第1刷

著者
ヘンリー・フォード＆サミュエル・クラウザー

監修・訳者
鈴木雄一

発行者
杉山尚次

発行所
株式会社言視舎
東京都千代田区富士見2-2-2　〒102-0071
電話03-3234-5997　FAX 03-3234-5957
http://www.s-pn.jp/

印刷・製本
（株）厚徳社

ISBN978-4-86565-123-2 C0036